AKOMEYAの
毎日が楽しくなる
お米とごはんのこと。

米屋が伝えたいお米選びからレシピ・道具まで

AKOMEYA TOKYO

講談社

一杯の炊き立ての白いごはん

お釜の蓋を開けた瞬間にあふれでる、温かい湯気。
そこにはぴかぴかに輝く白いごはんが立っている。
あつあつの白いごはんをお茶碗に盛り、手にとる。
それは日本人が「しあわせ」を感じる瞬間。

ＡＫＯＭＥＹＡ　ＴＯＫＹＯは、
一杯の炊き立ての白いごはんから、つながり広がる「しあわせ」を
たくさんの人々と共有していきます。

AKOMEYA
TOKYO

AKOMEYA厨房　お昼の看板メニュー「季節の小鉢膳」
お店で扱っている食品や調味料・器などを使用し、旬の食材を活かした、一つ一つ手間をかけた料理８品を、炊き立ての土鍋ごはんと一緒に楽しめます。

食卓は人々をつなぐ

稲作も家族で囲む食卓も、毎年・毎日の繰り返しです。
ＡＫＯＭＥＹＡはその繰り返しの営みを尊いものだと考えます。

一杯の炊き立ての白いごはんから広がる、たくさんの発想。
それが食卓を彩ります。
この白いごはんを一番おいしく食べるために、
どういうごはんのお供を用意しようか、
どのように器に盛り付けようか、だれと一緒に食べると楽しいか。

人々の価値観や生き方――Way of Lifeがさまざまであるように、
食卓を豊かにする発想もいろいろありますが、根底にあるものは同じ。
「おいしい！」「きれい！」「楽しい！」。食卓の小さな「しあわせ」を彩る、
純粋で単純な感動が人々をつなぎます。

はじめに

AKOMEYAの出発点

「ふつうの生活のふつうの時間をちょっと楽しくしよう」という思いが、AKOMEYA TOKYOを考える出発点でした。なぜなら、ふつうの時間にこそ一番重きをおくべきだと思ったからです。ふつうの生活をよくしなければ生活全般のクオリティーが上がっていかないと、ずっと感じていました。

成熟期にある今の日本では、地に足をつけ、しっかりとした趣味嗜好を持ち、手の届く範囲で自分の時間を楽しみ、心豊かに生きたいと願う人が増えています。そしてもっと増えてくるでしょう。

世の中が大きく変化している時代においても、その時代に合った価値観や楽しい生活を提案、提供できる存在でありたいと思う気持ち、潜在している願望を掘り起こし、商品や体験、発見を通してわくわく感のある日常をたくさんの人々と共有したいと願う気持ちをこれからも持ち続けたいと思います。

毎日の食卓を豊かに

〝おいしい〟は老若男女を問わず、しあわせな気持ちをもたらしてくれます。

毎日の暮らしの中で、手軽に無理なく〝おいしい〟を楽しむにはどうしたらいいでしょうか。

忙しい日々において、〝おいしいごはん〟はリーズナブルに大きなインパクトを与えてくれる、手の届く贅沢です。手間をちょっとかけることで、毎日の生活が豊かになります。

ごはんがおいしく炊けると、おかずは簡単でも満足できますし、お弁当やおにぎりなどは冷めても十分に楽しめます。

食卓に並ぶごはんには、自然とともに生きる生産者の努力と思いがたくさん詰まっています。

「いただきます」と感謝の気持ちを込めて、少しだけ丁寧にごはんを炊いて、しあわせな気持ちでつながりませんか。

目次

第三章
ほんものの道具は使ってみると手放せなくなる

第一章

ごはんが
おいしく炊けると
生活は豊かになる

毎日食卓にのぼる「ごはん」。実は、選び方や炊き方のほんのひと手間で、びっくりするくらいおいしくなるのをご存じでしょうか。ここでは、おいしいお米選びのポイントから、おすすめの炊き方まで、お米にまつわる「おいしい情報」をお伝えします。

お米を選んでいますか

調味料やお酒、コーヒーなどはいろいろ試して好みのものを探し出すのに、主食のお米はなぜかスーパーマーケットで米袋の表示だけを見て選んで、その一種類を食べ続けていませんか。

近年では毎年新品種が発表され、種類がたくさん増えてきて、お米も嗜好する時代になっています。

おいしいお米選びのポイント

お米は全国で生産されていますが、「品種」や「産地（気候・土壌・水）」、「生産者（育て方のこだわり）」などによって大きく味や食感が異なり、同じ品種、同じ産地でも食べ比べてみると全く味が違うことが多々あります。

おいしいお米を選ぶうえで一番大切なポイントは品種や産地にとらわれず、まずは少量ずついろいろな種類を食べ比べて、自分がどんな特徴のお米をおいしいと感じるのかを知ることです。

《 利き米セット 10種／AKOMEYA 》

AKOMEYAがおすすめするお米10種が各2合（300g）ずつ入った、お試しセットです。少量パックなので毎日お米が食べ比べられ、好みの味を見つけることができます。
他に利き米セット 5種、7種も。

お米は生鮮食料品

せっかく自分好みのおいしいお米を選んでも、保存方法を間違うと大きく味が損なわれてしまいます。

お米は精米した時から味の低下が進むので、精米したてが一番です。

必要以上に買い過ぎたり、保存方法が悪いと味が落ち、古米臭が発生するだけではなく、虫が発生したり、かびが生えたりしてしまいます。お米は生鮮食料品と考えて、２週間（夏季）〜１ヵ月（冬季）程度で食べきれる量を購入しましょう。

お米は「高温」「多湿」「酸素」が苦手です。

購入後はすぐにジッパー付き保存袋や密閉容器、ペットボトルなどに入れてできるだけ空気に触れないようにして酸化を抑え、冷蔵庫の野菜室で保存することをおすすめします。

冷蔵庫にスペースがない場合には、比較的鮮度を維持しやすい木の米びつに入れて、流し台の下など湿度の高いところは避けて、風通しのよい冷暗所で保管してください。

購入時の米袋には流通用に小さな空気穴があいていて酸化や乾燥が進みやすいので、すぐに移し替えましょう。

お米は米屋で

実際に自分好みのお米を見つけたいと思っても、どのようにして探したらいいのかわからないということはありませんか。

パンはお気に入りのパン屋さんで悩みながら選ぶのに、主食のお米はなぜかお米屋さんの敷居が高くて入れない……。ちょっと勇気を持ってその敷居を越えると、お米の世界が広がります。

1

お米屋さんに行くと、いろいろといいことがあります。

お米の知識が豊富な専門家が、品種の特徴や、同じ品種でも地域や生産者による違いなど、お米選びに必要なことを教えてくれ、相談にのってもらえます。

品種の個性を知ったうえで、異なる特徴を持ったお米を混ぜ合わせてコーヒーのように自分好みのブレンド米をつくるのもワンランク上の楽しみ方です。

2

お米は精米直後から劣化が進みます。

専門店であるお米屋さんでは、通常は玄米で保管し必要な分だけをこまめに精米するお店が多く、精米したてのお米を少量単位で購入できます。

3

店頭に精米機がある店が多く、分づき米をオーダーすることも可能です。

玄米から糠層をすべて取り除いたものが白米で、分づき米とは、糠層の一部を残したお米です。

糠を3割除けば三分づき、7割除けば七分づきです。数字が小さいほど玄米に近く糠に含まれる栄養素が残っており、数字が大きくなれば食べやすさが増し、炊飯も簡単になります。

「玄米食にしたいけれど食べづらい」という方には、栄養と食べやすさのバランスがよい分づき米がおすすめです。

	水加減（重量換算で） 米：水	浸漬時間
白米	1：1.2	30分～1時間
七分づき	1：1.2～1.4	1～2時間
五分づき	1：1.3～1.6	3～5時間
三分づき	1：1.6～1.7	8～10時間
玄米	1：1.7～2.0	12時間以上

※水加減と浸漬時間は目安です。

分づき米は精米具合により水加減と浸漬時間が異なります。

お米は進化している

近年、全国各地で「おいしさ」と「育てやすさ」を目指して、各地域の気候や土壌に合わせた品種改良が長い年月をかけて進められています。その結果、毎年のように新しい品種がデビューし、県を挙げてのプロモーションが行われ話題となっています。

以前は有名米どころのコシヒカリがおいしいお米の代名詞でしたが、少し前まではあまり稲作に向かないと思われていた地域がその土地の気候に合った品種開発を進め、食味ランキング（＊）で特Aを連続獲得するお米がたくさん出てきています。

「青天の霹靂」という新品種が青森県初の特Aを獲得したり、全国トップブランドとして君臨している魚沼産コシヒカリが平成29年産で初めて特Aを逃したことが大きな話題となりましたが、いろいろな地域のお米のレベルが上がってきていることもその一つの要因と考えられるのではないでしょうか。

＊一般財団法人日本穀物検定協会が、毎年全国規模で代表的な産地品種について食味試験を行い、5段階にランキングして発表。

おいしいお米の生産地

※ AKOMEYA TOKYO で取り扱っている主なお米です。
※時期や店舗により取り扱い品種は異なります。

お米の個性を知る

ごはんを食べ比べてみると、種類によって味が大きく違うことに気がつきます。お米の特徴を分類する主な要素は、「粘り」「食感（かたさ）」「味（甘み）」「香り」「外観（つや）」の５つといわれています。

その中で特に好みが分かれるのが「粘り」（もっちりかあっさりか）、「食感（かたさ）」（しっかりかやわらかか）、「味（甘み）」（甘みが強いか淡白か）の３要素です。漠然とおいしいか、おいしくないかを比べるのではなく、自分の好みを知るためにまずはこの３つを意識して評価しましょう。バランスのよい品種を基準米として比較すると、お米の特徴がわかりやすくなります。

おいしいと思うごはんの味は人それぞれ。好みのお米の個性をこの３要素でおさえておけば、お米選びが楽しくなります。

また、お酒を料理によって選ぶように、お米も料理や用途によって品種をかえてみてはいかがですか。お米を１種類しか置いていない家庭が多いと思いますが、できれば複数種のお米を少しずつ用意しておいて、おかずの内容や用途に合ったお米の使い分けを楽しむと、料理の幅も広がります。

お米の特徴の分布図

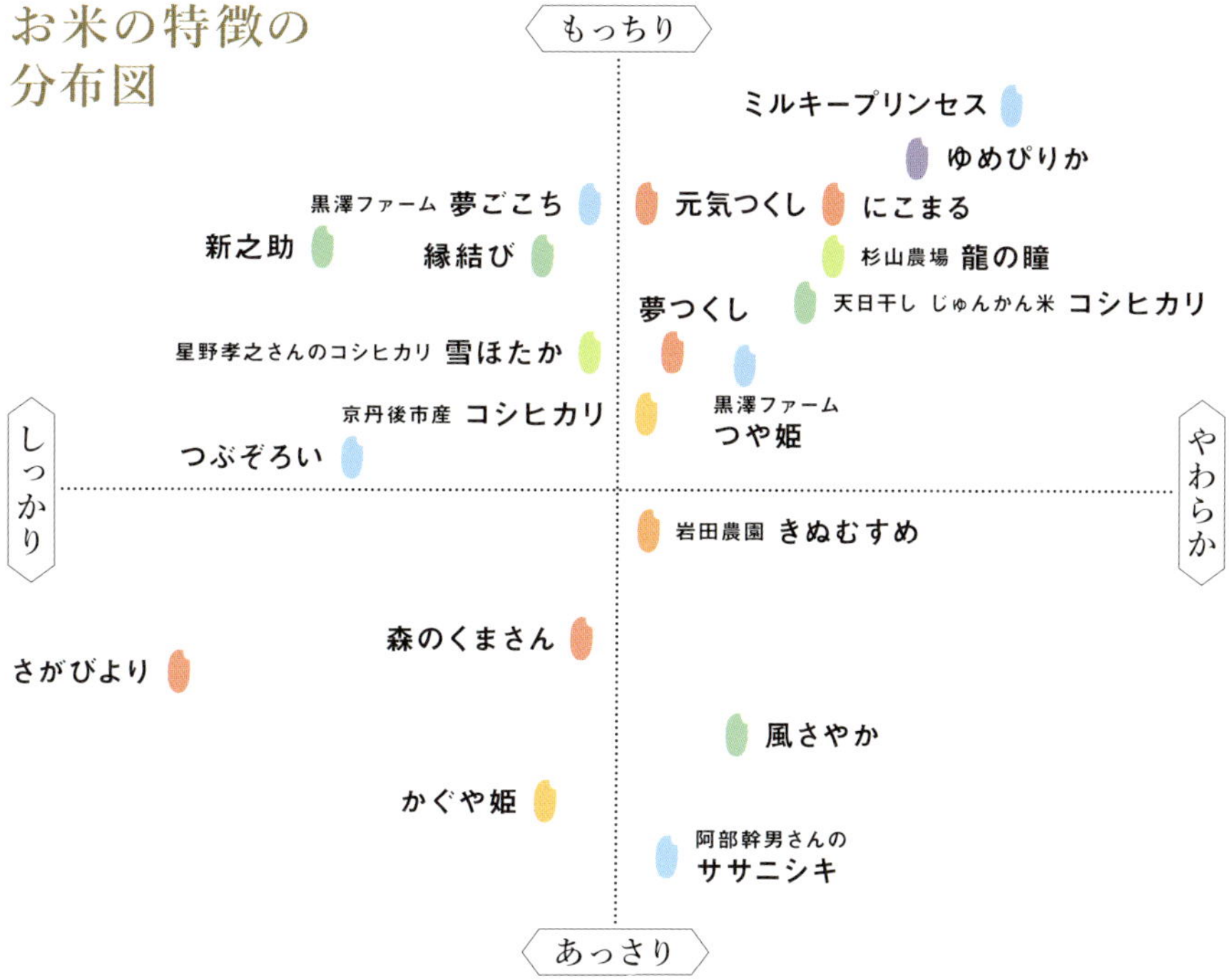

※表は、AKOMEYA TOKYO で取り扱っているお米に対する基準となります。同じ品種でも生産地や生産者により配置が異なります。
※時期や店舗により取り扱い品種は異なります。

AKOMEYA がおすすめする、お米の特徴と料理の相性は

【 料理で選ぶ 】

和食に合う ……… 和食の繊細な味を邪魔しない、上品で淡白な味のお米。

洋食に合う ……… 濃いめの味付けに負けない、甘みと粘りが強めの食べごたえのあるお米。

丼、カレーなど ……… 大粒で弾力があり、粒感がしっかりしているお米。

【 用途で選ぶ 】

朝ごはん向き ……… あっさりと食べやすい、粘りが控えめなお米。

お弁当向き ……… 冷めてもかたくなりにくい、粘りが強いもっちりとしたお米。

夕ごはん向き ……… どんなおかずにも合う、味がしっかりとしたバランスのよいお米。

AKOMEYA TOKYOで取り扱っているお米の特徴

特 ＝**特別栽培米**

節減対象農薬の使用回数および化学肥料の窒素成分量が栽培地が属する地域の慣行レベルの50%以下に削減したお米

有 ＝**有機JAS米**

３年以上無農薬・無化学肥料で栽培され、登録認証機関より認証されたお米

山形県南陽市産　黒澤ファーム　夢ごこち　特

お米の栽培に、はちみつと海藻エキスを散布しています。はちみつの糖が雑菌の繁殖を抑え、海藻エキスが光合成を活発にし、米の登熟を促進します。つや・粘り・甘みのバランスがよく、もちもちとした食感と甘さが際立つコンクール受賞米です。

北海道苫前産　ゆめぴりか　特

苫前町は、おいしさのバロメーターである低タンパク米のお米が穫れる産地です。たくさんの良質な堆肥で栽培された「ゆめぴりか」は、炊き上がりのつやと粘りが自慢の逸品です。道内では珍しい特別栽培米でご用意しました。

山形県南陽市産　黒澤ファーム　つや姫　特

山形県が10年かけて開発した「つや姫」。黒澤ファームのつや姫は100%有機肥料でつくられており、水質・土壌がよくなければ生息できないカブトエビが元気に活動するほどの環境です。上品な甘みと粘り、さらっとした噛み心地、喉越しが快い味わい。数々の賞を受賞した、つや姫の中でもおいしさが際立つお米です。

秋田県大潟村産　ミルキープリンセス　特

旧八郎潟の蓄積した魚介類などの豊富な栄養分のある土壌（大潟村）で栽培された「ミルキープリンセス」は、「ミルキークイーン」を親にして生まれた品種です。粘りが強く、もっちりとした弾力と噛んだ瞬間に感じるお米の甘みが特徴。もちもちしてしっかりとした味わいのお米が好みの方におすすめです。

宮城県登米市産　阿部幹男さんの　ササニシキ　特

土づくりを第一に考える阿部さんがつくる「ササニシキ」は、口に含んだ瞬間、はらりとほぐれるやわらかな食感と、噛むほどにうまみが増す味わいが特徴。和食に合うあっさりとした味は毎日飽きずに食べることができ、寿司米として好まれます。栽培の難しさから、近年では希少なお米となっています。

秋田県由利本荘市産　つぶぞろい

平成27年度に本格デビューした、米どころ秋田県の新品種。「あきたこまち」より１割ほど粒が大きく、噛むほどに甘みが増し、粘りもありバランスのとれたお米です。
AKOMEYA ではしっかりとした噛みごたえをよりお楽しみいただけるよう、特に粒の大きなものだけを選りすぐりました。

兵庫県産　かぐや姫　(特)

「ササニシキ」の突然変異から生まれた品種で、生産量が少ないうえに栽培の難しさから生産者により品質が左右されるため、市場流通量がごくわずかな希少米です。兵庫県産の「かぐや姫」はあっさりとした味わいとやさしい甘みで和食を引き立てます。冷めてもかたくなりにくく、粘りが保たれるのも特徴です。

島根県仁多郡奥出雲町産　岩田農園　きぬむすめ　(特)

「コシヒカリ」より淡白で、上品な食味と香りが特徴。西の横綱米と称される仁多米コシヒカリの産地・仁多郡奥出雲町で栽培された「きぬむすめ」は、昼夜の寒暖差によりしっかりとした甘みを蓄え、つややかな炊き上がりでごはんの白さが際立ちます。和洋どんな料理にも合う、バランスのとれた飽きのこないお米です。

福岡県みやま市産　夢つくし　(特)

深い味わいの「コシヒカリ」を父に、つやとやわらかな食感が特徴の「キヌヒカリ」を母にもち、双方のいいとこ取りをした「夢つくし」は、福岡県では馴染みが深く日常で愛されているお米。程よい粘り、ふんわりとしたやわらかさと、しっかりとした、でも主張し過ぎない甘みが特徴。見た目の光沢も美しい、良質な味わいです。

福岡県みやま市産　元気つくし　(特)

九州一の農業地域といわれる筑紫平野で耳納（みのう）連山のおいしい山水を利用して栽培されています。一粒一粒がしっかりしていて、炊飯後も粒形がくずれにくく、ふっくらとして食味が優れています。福岡県限定でつくられていてそのほとんどが県内で消費されるため、首都圏で数量を確保するのが難しいお米です。

佐賀県武雄市橘産　さがびより

緑豊かな自然と古い歴史のロマンが香る橘のお米「さがびより」。粒が大きく、しっかりとした粒感は噛むほどに味わいが増し、うまみが広がります。甘み・香り・つやがよく、時間が経ってもおいしいお米です。そのコシの強さは丼もの、卵かけごはん、カレーなど、水分の多い料理に最適です。

佐賀県三日月町産　にこまる　(特)

「コシヒカリ」よりもちもち感があり、色白で粒そろいがよく、ふっくら炊き上がります。冷めてもかたくなりにくく、パサつきやすい玄米ごはんやお弁当、おにぎり、炊き込みごはんに最適です。ややややわらかめに炊き上がるお米なので、水を少し減らして炊くのがおすすめです。

熊本県宇城市不知火産　森のくまさん　(特)

熊本県で８年の歳月をかけて開発された「森のくまさん」は、〝東のコシヒカリ、西のヒノヒカリ〟といわれるエリートを両親として生まれたお米です。改良により双方のいいところを持ち合わせており、粘りがあって香りがよく、おにぎりやお弁当にもおすすめです。

栃木県塩谷町産　杉山農場　龍の瞳　(有)

水稲品種「いのちの壱」の中で最高級の品種で、独自のマニュアルを忠実に守り、厳しい検査に合格した契約農家のみが名乗ることを許される希少米です。「コシヒカリ」の1.5倍ほどの粒の大きさで、粘り・弾力・香りがあり、しっかりと感じられる甘みが最大の特徴。化学肥料や農薬を使用せず栽培された、有機JAS米です。

群馬県川場村産　星野孝之さんのコシヒカリ　雪ほたか　(特)

皇室献上米として長らく一般流通しなかった希少米で、コンクール受賞米。つやがあって白く、もちもちとした弾力ある食べごたえとふわっと香る豊かな風味、噛むほどに深くなるうまみと甘みが特徴の極上「コシヒカリ」。中でも農薬使用量を抑えた特別栽培米は、生産者が限られており、流通量が極めて少ない限定品です。

新潟県中魚沼産　天日干し　じゅんかん米　コシヒカリ　(有)

地元そば店の昆布などの食物残渣（ざんさ）から独自の堆肥をつくり、地域での食物リサイクルを実践。厳しい有機JAS米の基準を上回る、〝安全でおいしい〟に徹底的にこだわった無農薬栽培米です。他のコシヒカリに比べ大粒で透明感があり、甘みともちもちとした食感の絶妙なバランスは「じゅんかん米」特有のものです。

新潟県産　新之助

日本随一の米どころ・新潟県が、これまでの品種改良の集大成として研究を重ねて誕生させた「新之助」。弾力のある食感としっかりとした粘りを併せ持っており、ふんわりと広がる香り、芳醇な甘みを楽しめる味わいです。食卓に輝きをもたらす、つやのある大粒も特徴。しっかりもっちりした味が好みの方におすすめ。

長野県中野市産　風さやか　(特)

寒暖差がありおいしいお米の生産地である長野県にて開発された「風さやか」は、平成25年３月に種苗登録された新品種です。しっかりとした粒感で、ほのかな甘い香りと噛むほどに口に広がるやわらかなうまみと甘みが特徴のあっさり系の上品なお米です。素材の味を楽しむ和食によく合います。

岐阜県産　縁結び

粒立ちがしっかりしているにもかかわらず、程よい粘りを兼ね備え、冷めてからでもしっとり感が残る味わい。このお米を通じて生まれる〝ご縁〟を大切にしたいという思いで名付けられた名前ゆえ、大切な人への贈り物に最適です。

京都府京丹後市産　コシヒカリ

京丹後地方の、夏は暑く冬は雪が降り積もるという厳しい自然環境がおいしさの秘密。昼夜の寒暖差と、山から流れる冷たいきれいな水、そこに根付いた土壌が育むお米は、強めの粘りと甘み、美しいつやが特徴です。毎日食べても飽きにくく、一度食べると病みつきになるとファンの多い味わいです。

おいしいごはんを炊くポイント

01

計量は正確に

毎回お米と水の分量を正確に量るには、〝計量カップで容積〟ではなく、洗米時に吸水された水量も考慮して〝はかりで重さ〟を量る。

02

洗米は手早く、やさしく

汚れた糠臭い水を吸わせないようにできるだけ手早く、お米を割らないように、〝研ぐ〟ではなく指先を回してやさしく〝洗う〟。香りを嗅いで、洗い上がりのタイミングを確認しましょう。

03

浸漬（浸水）は芯までじっくり

冷たい水につけて、時間をかけてお米の芯まで吸水させる。（最低、夏30分、冬1時間程度）。浸漬し過ぎや、ざるに上げての放置は避けましょう。

04

炊飯は道具の特徴に合わせて

土鍋や鉄鍋、銅鍋など鍋の種類によって熱伝導率が違うので、それぞれの特徴に合った時間、火加減で炊く。

05

しっかり蒸らし、すぐにほぐす

ごはんが炊けたら10～15分蒸らす。

蒸らし終えたら放置せず、すぐに蓋を開けて余分な水分をしっかりとばし、やさしく切るようにほぐす。

お米と水は重さで量る

ごはんの炊き上がりを大きく左右するのが水加減です。

計量カップでお米の分量を量っていませんか。

計量カップは液体や粒子が細かい粉類を量るには適していますが、お米のように粒の大きな固体を量ると隙間ができ、擦りきりにしていてもトントンとならすと容積が減って、計量のつど分量に誤差が生じます。

お米は洗っている間もどんどん吸水しているので、計量カップで一定量を加水すると水温や洗米にかかった時間により水加減が異なってしまいます。また、炊飯器のメモリも誤差が生じやすいため、日によって炊き上がりが変わり、不安定です。

固体のお米と、液体の水をともに正確に計量するために、キッチン用のデジタルスケールを用いて重さで量れば、炊飯量にかかわらず、毎日同じ水加減での炊き上がりになります。

ＡＫＯＭＥＹＡおすすめの水加減は米１：水1.2

例えば３００ｇ（２合）のお米を洗い、水をきり、ボウルに入れます。

すでにお米に吸収された水も含めてお米の１・２倍の３６０ｇの水が必要なので、お米と水の合計で６６０ｇになるように水を加えます。

この方法のもう一つのメリットは計量カップや炊飯器のメモリに関係なく、炊きたい分だけを正確に量れることです。例えば４００ｇ（約２・７合）など中途半端な量でも、お米４００ｇ、お米とお米の１・２倍の水の合計で８８０ｇにすればＯＫです。

一度好みのお米と水の比率を見つけてしまえば、このひと手間で、諸条件に関係なく、毎日正確に同じ水加減のおいしいごはんが楽しめます。

※１合＝１５０ｇで計算。

洗米は手早く、浸漬はじっくり

汚れや余分な糠を落とすためにお米を洗います。

洗米の大切なポイントは「手早く」と「やさしく」です。

お米は吸水が早く、水につけた瞬間から糠などで汚れた水をどんどん吸ってしまいます。できる限り手早く洗い、汚れた水を吸わせないようにしましょう。

また、精米技術が大きく進歩した昨今は、昔ながらの力を入れて〝研ぐ〟作業は必要なく、指を泡立て器のように広げて立て、素早くやさしく指先を回して洗う方法で十分です。

力を入れ過ぎるとお米が割れて、ベタついた炊き上がりになってしまいます。

❶ ボウルにお米を入れ、水を多めに一気に注いで軽く混ぜ、すぐに水を捨てます。

❷ 水を少しだけ残した状態で指を立てて30回程度やさしくかき混ぜ、お米同士を擦り合わせます。

❸ 水が乳白色になったら勢いよくきれいな水を注いで2～3回かき混ぜ、研ぎ汁を薄めて流すことを2回行います。

❹ ❷、❸の工程をもう一度繰り返します。
この段階で多少水が濁っていても気にする必要はなく、濁りを取ろうとして洗い過ぎると、お米が割れてしまいます。

❺ 洗ったお米を少し手にとり、においを嗅いでみます。ほんのり糠の香りがする程度になっていれば完了です。お米本来の香りを楽しみたい方は❹の工程を省いてもよく、自分好みの洗米具合を香りで確認するようにしましょう。

❻ 洗い終えたらしっかりと水をきり、25ページの要領で計量したきれいな冷たい水を加え、十分に浸漬させます（最低、夏30分、冬1時間程度。水温により適切な浸漬時間が変わります）。

洗米後お米をざるに上げて放置すると、表面が乾燥して割れやすくなるので避けましょう。
また、水が腐敗する可能性があるので、夏や長時間浸漬をする場合には冷蔵庫に入れてください。

【ポイント】

1. 洗米時に別のボウルを用意して水を溜めておくと、一気に水が注げ手早く洗米できます。

2. ミネラルウォーターを用いる場合には硬水は避け、日本で採水された軟水を使いましょう。

意外と簡単！
短時間でおいしい土鍋ごはん

有田焼　黒釉土鍋　3合／AKOMEYA

〝土鍋でごはんを炊く〟と聞くと難しそうなイメージがあるかもしれませんが、実は意外と簡単。炊飯はとてもシンプルな調理なので、ごはんのおいしさは水分量、温度変化とそれにかかる時間が決め手となります。

かまど炊きごはんの極意は「始めちょろちょろ中ぱっぱ、赤子泣くとも蓋取るな」。

かまど炊きのおいしさを、ガスコンロを使って短時間で簡単に再現できるのが、金属に比べて熱伝導率が低い〝土〟でつくられた土鍋です。

お米と水を入れた土鍋を強めの中火にかけると、内部の温度がゆっくりと上がっていき、お米の甘みがじっくりと引き出されます。沸騰後火を止めても高温状態が維持され、かつ重い蓋で鍋内に圧力がかかるので、短い時間で芯までムラなくふっくら炊き上がります。

AKOMEYAのおすすめは〝約10分火にかけて、10分おくだけの火加減いらず〟の「有田焼 黒釉土鍋」。遠赤外線効果が高くなるように調合された土と釉薬を使い、二重蓋構造になっているので、お米の芯まで熱が通り、よりふっくらと炊けます。

また、高温の窯で焼き上げているので土が焼き締まり丈夫です。さらに、すっきりとした丸底縦長形状は内部でお米の対流が起こるためごはんの甘みを引き出すだけではなく、あまり場所をとらず邪魔にならないなど、毎日使う道具としての工夫がなされています。

いろいろな炊飯道具のご紹介

おひつ炊飯鍋（萬古焼土鍋）／AKOMEYA

丸い形と鍋の厚みで鍋全体に熱が伝わり、熱が対流することでお米がつやよくふっくらと炊き上がります。また、土鍋に保湿力があり水分を適度に調節するので炊き上がったごはんをおいしく保存できます。冷めたごはんも電子レンジでそのまま温めなおすことができ、直火、電子レンジ、オーブンと幅広く使える万能鍋です。

めしっこ（南部鉄器・鉄鋳物製鍋）／及源鋳造

鉄の鋳物の特性を活かした飯釜です。釜全体でしっかり蓄熱し、熱まわりが均等でムラなくふっくらと炊き上げます。縁が高いことで密閉性が増し、ごはんのうまみをとじこめ、蓋の穴から蒸気を逃がすことで吹きこぼれを防ぎます。ＩＨ調理器でも使用できる厚底設計で強度と耐久性にも優れています。

かまどさん（伊賀焼土鍋）／伊賀焼窯元　長谷園

伊賀の陶土は耐火性が高く、古くより土鍋や土瓶などに使われていました。粘土の中に炭化した植物を含んでいるため、焼成すると多孔性の素地になります。そのため土鍋自体がしっかり熱を蓄え、釉薬の遠赤外線効果とともにお米の芯まで火を通し、甘みを逃がさずに炊き上げます。火加減いらずで、吹きこぼれにくく、簡単においしいごはんが炊けます。

ごはんはどうだ！（銅鍋）／新光金属

昔懐かしい羽釜を銅で再現した炊飯鍋です。銅はアルミや鉄よりも熱伝導率が高く、素早く釜全体を加熱するため、短時間で炊き上がります。二重構造のステンレス蓋は、蓋の内部に蒸気が溜まり、吹きこぼれを軽減する一方で、加熱中にお米のうまみ成分である「おねば」を蓋の内部に取り込み、蒸らしの時に再びごはん（釜内部）に還元します。

KING無水鍋®（アルミニウム鋳物製鍋）／HAL ムスイ

炊飯専用鍋ではないですが、蒸す、煮る、焼く、揚げるなどができる万能鍋です。かまどで使われていた羽釜をヒントにデザインされたロングセラー。またアルミの熱伝導率の高さを活かし、ごはんが早く炊けます。重さのある蓋が本体とぴったりくっついて蒸気を逃がさず、内部の温度を均一に保つことで無水調理ができます。

大切な蒸らしとほぐし

ごはんが炊き上がったら10～15分蒸らします。

お米の芯まで十分に蒸気を吸い込ませ、余分な水分を釜に残さず、全体をふっくらとムラなく仕上げるためには、釜の中を高温状態のまま保つ蒸らしが必要です。

蒸らし時間が短か過ぎると米粒に芯が残り、長過ぎると釜内の温度が下がり水蒸気が徐々に冷えて水滴になり、底面のごはんは水っぽく、上層のごはんはかたくなってしまいます。また蓋や鍋肌に付着した水滴がごはんの上に落ち、食味を損ないます。

蒸らし終わったらすぐに釜の蓋を開け、余分な水分をしっかりととばします。

炊飯中、釜の中では熱の対流でお米が回転し、踊ります。下のほうにあるお米は上層部のお米の重さで回転数が少なくなってしまうのに対して、上層のお米はふっくらとおいしく炊き上がり、水分も適度に蒸発しています。

炊き上がったごはんの中で、上層部分の縁側が一番おいしいので、ぜひ少しすくって食べてみてください。

その後素早く、しゃもじを十字に入れてごはんを4等分にし、釜の縁から一区画ごとに底から返します。ふんわりやさしく空気を含ませて余分な水分をとばしながら、切るように混ぜほぐします。

このほぐしをせずにそのまま放置していると、上層部の重みで下層部のごはんがつぶれ、締まって固まってしまいます。

※炊飯器の場合は、浸漬や蒸らしがプログラミングされている器種が多いので、機能を確認のうえ、その器種に合った炊飯をしてください。

しゃもじを十字に入れて４等分にし、底から返します。

釜の縁のほうのごはんを少しすくって食べてみてください。

余ったごはんの保存

炊き上がったごはんを炊飯器で長時間高温で保存すると化学変化が起こり、ごはんは黄みを帯び、においが変化します。

ごはんをすぐに召し上がるのであれば、木地のおひつがおすすめです。

木には余分な水分を吸収し、逆に足りなくなったら加湿する性質があります。炊き立てごはんをおひつに移すと、粗熱をとり、程よくおひつの中の水分調整をするので、ベタつかずふっくらとしたごはんがいただけます。ただし防腐効果は高くないため、気温が高い季節は気をつけてください。

ごはんは炊き立てが一番おいしいので、余ったごはんの保存はいかにその状態を保つかということがポイントになります。

炊き立ての熱いうちに、湯気とともにふんわりとラップで包むか、冷凍用保存容器に入れて小分けにして、粗熱をとります。冷めたらすぐに冷凍保存をします。

食べる時にそのまま電子レンジで温めれば炊き立てのようなごはんになります。おいしくいただくにはなるべく10日以内で食べきってください。

常温解凍は雑菌が入りやすいうえにベタつきますので、絶対にしないでください。

冷凍可能な具材を入れたおにぎりにして、ラップで包んで冷凍しておくのも大変重宝します。そのまま電子レンジで温めれば、忙しい朝においしいおにぎりが簡単に用意できます。

《 おにぎり型／AKOMEYA 》

木の型が余分な水分を吸収し、ごはんを理想的な味にしてくれます。

忙しい方への便利知識

忙しい時や急ぐ時に、計量から始めてごはんを炊くことは負担感があります。時間に余裕がある時に、翌々日までに炊くお米をまとめて洗米、浸漬、水きり後、密閉容器に小分けにして乾燥しないように冷蔵庫で保管しておくと、必要分量の水を加えて炊飯する時間だけで、炊き立てのごはんがすぐに食べられます。

＊洗米、浸漬後すぐに冷蔵庫で保管し、必ず当日を入れて３日以内に炊いてください。

第二章

【 AKOMEYA厨房が教える 】

かんたん小鉢と
華やか
土鍋ごはん

おすすめのお米や調味料を使った料理を提供しているAKOMEYA厨房。人気の「季節の小鉢膳」を、ご家庭で簡単に作れるレシピにして紹介します。便利な調味料やごはんのお供を上手に使って、いろいろな器に盛り付けて食卓を楽しくしましょう。

その一

しっかり小鉢膳

01 いぶりがっこと辛子明太子のクリームチーズ

02 鶏のグリル 日向夏ドレッシング

03 ふぐのコンフィ クレソン添え

04 豚ばら肉の塩麹 季節野菜あんかけ

05 スモークサーモンと燻製醤油マヨネーズ

06 ほたてのじゃこたっぷりXO醤みぞれがけ

07 ぶりの明宝トマトケチャップ味噌

08 季節野菜の生からすみあえ

ビンから出すだけ！

03

《 ふくのオイル漬け「コンフ」（プレーン）／博多い津゛み 》

フランス料理の調理法「コンフィ」を使い、ほぐしたふぐの身をオイル漬けにし、さらに蒸したもの。ごはんやお酒のお供、チャーハン、パスタにも。

ここでは、香味野菜を添えてサラダ感覚に。

唐津黒釉丸板皿／矢野直人　01錫槌目豆皿／下山普行　02琉璃網絵柄／西海陶器　03Choko／松徳硝子　04染付福良雀豆皿／松浦那緒子　05雲形小皿／マルイ製陶所　06青海波和紙染小皿／晋山窯　07メープル豆皿／薗部産業　08ミルクピッチャー／向山窯

01

いぶりがっこと辛子明太子のクリームチーズ

濃厚なクリームチーズに、いぶりがっこの
燻製風味をプラス。お酒のあてにも。

【材料】4人分

いぶりがっこ　スライス …… 60g
クリームチーズ …… 30g
辛子明太子 …… 20g

【作り方】

1. いぶりがっこは4等分のいちょう切りにする。
2. 辛子明太子は薄皮を除いてほぐし、1とあえる。
3. 2とクリームチーズと混ぜる。

料理長のひとこと

クラッカーにのせて
ちょっとしたおもてなし用にも。

《 いぶりがっこ　スライス／井上農産　いぶりの里 》

秋田の伝統的な漬物。楢（なら）や桜の原木で燻し上げ、昔ながらの味を大切に仕上げています。

02

鶏のグリル日向夏ドレッシング

柑橘系のドレッシングと香味野菜が
爽やかな一品です。

【材料】4人分

鶏もも肉 …… 250g
せり …… ½束（なければクレソンでも）
日向夏ドレッシング …… 80cc
（なければ柑橘系ドレッシングでも）
サラダ油 …… 大さじ1
塩 …… 適量

【作り方】

1. 鶏もも肉は一口大に切り、塩を軽くふる。フライパンにサラダ油を熱し、肉を皮目から焼く。
2. 1を日向夏ドレッシングであえる。
3. 2を器に盛り、刻んだせりをちらす。

料理長のひとこと

豚肉や蒸し野菜でもおいしいです。

《 日向夏ドレッシング／ミツイシ 》

南国宮崎を代表する果実「日向夏」のドレッシング。甘みのある白皮や果皮まで丸ごと使用し、日向夏本来の爽やかさと甘みが口いっぱいに広がります。揚げ物やお刺身にもおすすめです。

04

豚ばら肉の塩麹
季節野菜あんかけ

塩麹を使ってお肉をやわらかくし、
味に深みを出しました。

【材料】4人分

豚ばら薄切り肉……250g
小かぶ……2個
（なければブロッコリー、カリフラワーでも）
紅たで……適量（なければ万能ねぎでも）
銀つゆ……100cc（下記参照）
塩麹……20g
葛粉……小さじ1（なければ片栗粉でも）
水……大さじ1
サラダ油……適量

【作り方】

1. 豚ばら肉は5cm幅に切り、塩麹に3分つけた後、余分な塩麹を取り除く。
2. フライパンにサラダ油を熱し、1を火が通るまで炒める。
3. 鍋に銀つゆを煮立たせ、分量の水で溶いた葛粉を加えてあんを作る。
4. 小かぶをすりおろして煮立てた3に加え、軽く煮立たせる。
5. 2を器に盛り、4をかけ、紅たでをのせる。

料理長のひとこと

塩麹はいろいろな魚や肉に合うので、常備しておくと便利です。

《 特選料亭白だし／七福醸造×萬藤 》

丁寧に熟成した有機白醤油をベースに、本枯れ節、昆布、どんこ椎茸からじっくりととった出汁を合わせ、三河本みりんや天日塩で味のバランスを調整しながら配合した「料亭の味」です。

【 AKOMEYA 合わせ調味料 】
1. 煮切り酒みりん／味噌やペーストをのばしたり、うまみを加える調味料。本みりん 50cc、酒 50cc を鍋に入れ、中火で沸騰させ、アルコール分をとばす。ビンもしくは密閉容器に入れ、冷蔵庫で10日間保存可能。
2. 銀つゆ／おひたしやあんかけのベースとなる調味料。かつお出汁 100cc に対し特選料亭白だし小さじ 1（5cc）を加える。

05

スモークサーモンと燻製醤油マヨネーズ

燻製醤油とマヨネーズで
手軽に燻製マヨネーズ。

【材料】4人分

スモークサーモン …… 120g
（なければまぐろの赤身でも）
芽ねぎ …… 適量
アコメヤの燻製醤油 …… 大さじ2
マヨネーズ …… 大さじ3

【作り方】

1. スモークサーモンは好みの大きさに切る。
2. ボウルにマヨネーズと燻製醤油を入れて混ぜ合わせ、1を加えてあえる。
3. 2を器に盛り、芽ねぎをのせる。

料理長のひとこと

燻製醤油マヨネーズは
ディップとして、野菜にも合います。

《 アコメヤの燻製醤油／AKOMEYA 》

国産丸大豆を原料に、仕込みを2度重ね、桜チップで燻製にしました。濃い口醤油の2倍の大豆・小麦を使用し、うまみ・甘みの多い醤油をベースとしました。パスタ、チーズにもよく合います。

06

ほたてのじゃこたっぷりXO醤みぞれがけ

XO醤と大根おろしで
ほたての刺身をワンランクアップ。

【材料】4人分

ほたて貝柱（刺身用）…… 8個
（なければ白身魚でも）
大根 …… 80g
じゃこたっぷりXO醤…… 小さじ4
（なければ市販のXO醤でも）

【作り方】

1. ほたて貝柱は表面を軽く炙り、4等分に切る（香ばしさは欠けるが熱湯をかけて霜降りにしてもよい）。
2. 大根はすりおろし、水分を軽くきる。
3. 1を器に盛り、じゃこたっぷりXO醤と2を混ぜてかける。

料理長のひとこと

じゃこたっぷりXO醤と
大根おろしを混ぜたら
10分程度おいたほうが味が馴染みます。

《 じゃこたっぷりXO醤／山口県漁業協同組合 》

魚のおいしさを知り尽くした地元漁師のおばちゃんたちが心を込めてつくった商品。具だくさんで、ごはんにのせたり、チャーハンやちゃんぽんに加えてもおいしいです。

07

ぶりの明宝トマトケチャップ味噌

トマトのうまみ成分と味噌の組み合わせが、
おいしいソースになります。

【材料】4人分

ぶり（切り身）…… 2切れ（なければ白身魚でも）
ばら海苔 …… 適量
明宝トマトケチャップ …… 大さじ3
信州味噌 …… 大さじ1
塩 …… 適量
小麦粉 …… 適量
サラダ油 …… 大さじ2

【作り方】

1. ぶりに塩をふって小麦粉をまぶし、フライパンにサラダ油を熱し、こんがりと焼く。
2. 明宝トマトケチャップと信州味噌を混ぜ合わせる。
3. 1 を器に盛り、2 をかけ、ばら海苔をちらす。

料理長のひとこと

トマトソースに近い
明宝トマトケチャップがおいしいが、
なければ市販のトマトケチャップでも。

《 明宝トマトケチャップ／明宝レディース 》

大鍋で5時間かけてじっくり煮込み仕上げられた味は、完熟トマトならではの深みがあり、添加物を一切使用していないため、トマトの風味がそのまま伝わってきます。糖度25度と、まるでジャムのような甘さがあります。

08

季節野菜の生からすみあえ

薄く細く切った野菜を生からすみであえた、
歯ごたえが楽しめる小鉢です。

【材料】4人分

生からすみ …… 20g（なければたらこでも）
きゅうり …… ½本
みょうが …… 4個

【作り方】

1. きゅうりはスライサーで薄い輪切りにする。
2. みょうがは縦半分に切り、さらに薄く細切りにする。
3. 1 と 2 を生からすみであえる。

料理長のひとこと

生からすみの塩分だけで十分おいしいです。
時間が経つと野菜から水分が出るので
早めに食べること。

《 生からすみ／松庫商店 》

創業明治19年。宮内庁御用達の長崎・松庫商店のからすみの職人が、天下の珍味と呼ばれる「からすみ」ができる一歩手前の「生の卵」のもちもちしたところを丁寧にほぐして熟成させた逸品です。

その二

和風小鉢膳

01 焼きよもぎ麩の白味噌かけ

02 フルーツトマトとサラダなすのなめ味噌あえ

レシピは74ページで紹介しています。

03 梅の実ひじきと太白おあげの含め煮

レシピは68ページで紹介しています。

04 わさび風味白だしごま豆腐

05 とろろと黄身の白だし

06 まぐろのからし五本松醤油

07 しらたきと舞茸のくらま山椒煮

08 冷しゃぶの万能おかずしょうが添え

パックから出すだけ！

04

《 あらずりわさび／わさび屋 》

伝説の鍾乳洞「蛇穴(じゃあな)」の湧き水で育ったわさびを使用。100%本わさびで着色料不使用。市販のチューブわさびとはひと味違います。

ここでは、ごま豆腐を白だしとわさびでちょっと上品に。

欅皿／菌部産業 01豆皿彩々／柏木 円 02酒盃／東洋佐々木ガラス 03一献盃／カネコ小兵製陶所 04ぎやまん陶高台珍味／カネコ小兵製陶所 05変形焼酎杯／藤田 祥 06楕円豆鉢／アリタポーセリンラボ 07オメデタ瓢箪豆皿／ AKOMEYA 08LOVE KUTANI SEAL角皿／上出長右衛門窯

05

とろろと黄身の白だし

黄身を加えてコクを出し、
白だしで簡単に味付けしました。

【 材料 】4人分

大和芋 …… 160g
（なければ長芋でも）
卵黄 …… 1個分
アコメヤの白だし とび魚 …… 大さじ1
青海苔 …… 適量

【 作り方 】

1. 大和芋は皮をむき、すりおろす。
2. 1 に卵黄と白だしを加え、混ぜ合わせる。
3. 2 を器に盛り、青海苔をかける。

料理長のひとこと

フライパンで一口サイズに焼いて
海苔を巻き、磯辺焼き風にしても。

《 アコメヤの白だし とび魚／AKOMEYA 》

長崎産・山陰産のとび魚煮干しをブレンドし、煮干しを焼くことでさらに風味を引き出した濃厚出汁です。五島灘のいそしお、北海道尾札部産真昆布、三州三河みりんで味を調えた、深みのあるうまみとコクが特徴です。

01

焼きよもぎ麩の白味噌かけ

白味噌と煮切り酒みりんで
上品な和風ソースに。

【 材料 】4人分

よもぎ麩 …… $\frac{1}{2}$本（なければ餅でも）
特別吟醸白味噌 …… 大さじ2
（なければ市販の白味噌でも）
煮切り酒みりん …… 小さじ1（41ページ参照）
サラダ油 …… 大さじ4
木の芽 …… 適宜

【 作り方 】

1. よもぎ麩は2cm幅に切り、フライパンにサラダ油を熱し、揚げ焼きにする。
2. 白味噌と煮切り酒みりんを混ぜ合わせ、白味噌ソースを作る。
3. 1を器に盛り、2をかけ、好みで木の芽をのせる。

料理長のひとこと

白味噌ソースは
焼いた野菜にかけてもおいしいです。

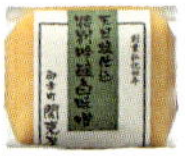

《 天日塩仕込 特別吟醸白味噌／関東屋商店 》

→ 81ページ参照

06

まぐろのからし
五本松醤油

赤身の刺身には甘い醤油とからしが
よく合います。

【材料】4人分

まぐろの赤身（刺身用）…… 120g
おかひじき …… 適量
紅たで …… 適量
（なければ刺身のつまになるもの）
ばら海苔 …… 適量
五本松醤油 …… 大さじ2
（なければ甘口の刺身醤油でも）
練りからし …… 小さじ½

【作り方】

1. 五本松醤油と練りからしを混ぜ合わせる。
2. まぐろは食べやすい大きさに切り、1をからめる。
3. 器におかひじきを盛って2をのせ、紅たで、ばら海苔を添える。

料理長のひとこと

醤油は甘みのある刺身醤油を
使うのがポイント。

《 五本松醤油 味付け用／太皷醤油店 》

大釜でじっくり火入れしてあり、料理の風味がいっそう
引き立つ醤油です。

07

しらたきと舞茸の
くらま山椒煮

淡白な食材の煮物に山椒を使って、
味を締めます。

【材料】4人分

しらたき …… 60g
舞茸 …… 60g
くらま山椒 …… 小さじ2
割り下（ストレートのもの）…… 50cc
（なければ醤油、みりん、酒で味付けしても）
水 …… 100cc

【作り方】

1. しらたきは湯通しして、食べやすい長さに切る。舞茸はほぐす。
2. 鍋に 1、割り下、分量の水、くらま山椒を入れ、中火で8分ほど煮る。

料理長のひとこと

煮山椒を使って煮物料理を
ワンランクアップ！

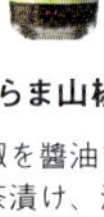

《 **味の顔見世 くらま山椒／木村九商店** 》

兵庫県丹波産の朝倉山椒を醤油でカラッと炊き上げたもの。ごはんのお供、お茶漬け、酒の肴、料理の薬味等、いろいろとお使いいただけます。

08

冷しゃぶの
万能おかずしょうが添え

細かく刻んだしょうがの醤油漬けが、
豚肉の脂っこさを抑えます。

【材料】4人分

豚ばら肉（しゃぶしゃぶ用）…… 250g
万能おかずしょうが…… 大さじ1（なければおろししょうがでも）
芽ねぎ …… 適量（なければ万能ねぎでも）
ポン酢 …… 80cc

【作り方】

1. 豚ばら肉は食べやすい大きさに切り、沸騰した湯にくぐらせ、冷水にとる。
2. ポン酢と万能おかずしょうがを混ぜ合わせる。
3. 1の水気をきって器に盛り、2をかけ、芽ねぎをのせる。

料理長のひとこと

季節によって、
温かいしゃぶしゃぶでも。

《 **万能おかずしょうが／四国健商** 》

生産量国内第1位の高知県で愛されているしょうががメインのおかず。ごはんや豆腐、肉、魚料理、サラダとなんでも合う刻みしょうがの醤油漬けです。

その三

酒のあて小鉢膳

01 豚ばら肉のからしえごまソース

02 揚げ焼きなすのそば味噌かけ

03 なめ茸と大根おろし

04 サーモン塩辛 すだち風味

05 鳴門糸わかめと桜えびの白だしおひたし

06 たことみょうがのごま油あえ

07 もずく酢

08 きゅうりといか刺めんたい子あえ

ビンから出すだけ！

04

《 **サーモン塩辛／三幸** 》

アトランティックサーモンの脂ののったハラスのみを使用。塩麹に調味料を加えて、ハラスの切り身にまぶし、低温で熟成。

ここでは、すだちをすりおろし、やわらかい酸味をプラスして爽やかに。

飯切／柴田慶信商店、徳利・杯／東洋佐々木ガラス　01織部唐津輪花豆皿／赤水窯　02八稜鏡茶托／鈴木盛久工房　03線文把手付盃／上出長右衛門窯　04高台盃／漆琳堂　05瓢箪絵小鉢／龍豊窯　06梅蓋物／上出長右衛門窯　07酒杯／東洋佐々木ガラス　08参考商品

01

豚ばら肉の からしえごまソース

えごまのプチプチ感で食感も楽しめます。

【材料】4人分

豚ばら厚切り肉 …… 250g
万能ねぎ …… 適量
エゴマスタード …… 大さじ4
練りからし …… 小さじ½

【作り方】

1. 豚ばら肉は沸騰した湯でしっかり火が通るまでゆで、食べやすい大きさに切る。
2. エゴマスタードと練りからしを混ぜ合わせる。
3. 1を器に盛り、2をかけて、万能ねぎをのせる。

料理長のひとこと

お子様にはからしの代わりにマヨネーズと混ぜても。

《 エゴマスタード／浅沼醤油店 》

プチプチとした食感のえごまの実入り粒マスタード。辛みが少ないので、お子様にも人気です。料理に添えるだけで見た目もアクセントに。お肉はもちろん、スモークサーモンやポテトサラダ、サンドイッチにも。

02

揚げ焼きなすの そば味噌かけ

揚げ焼きなすに、そば味噌が香ばしさを添えます。

【材料】4人分

なす …… 2本
木の芽 …… 適量（なければ大葉でも）
そば味噌 …… 大さじ2
煮切り酒みりん …… 小さじ1（41ページ参照）
片栗粉 …… 適量
サラダ油 …… 大さじ4

【作り方】

1. なすは乱切りにして片栗粉をまぶし、フライパンにサラダ油を熱し、揚げ焼きにする。
2. そば味噌と煮切り酒みりんを混ぜ合わせる。
3. 1を器に盛り、2をかけ、木の芽をのせる。

料理長のひとこと

なすは油と相性が抜群なので、しっかり揚げ焼きにしましょう！

《 そば味噌／すや亀 》

たっぷりのそばの実とごぼうやごまの食感のハーモニーと、噛んだ後に広がるそばの風味が楽しめます。お酒のあてにも。

05

鳴門糸わかめと桜えびの白だしおひたし

海の幸をおひたしに。
桜えびの風味がアクセントです。

【材料】4人分

鳴門糸わかめ（乾燥）…… 5g
（もどしたもので100g）
（なければ塩蔵わかめを塩抜きしたものでも）
桜えび（乾燥）…… 小さじ2
銀つゆ …… 100cc（41ページ参照）
薄口醬油 …… 小さじ1

【作り方】

1. 鳴門糸わかめは氷水に10分つけてもどし、キッチンペーパーで水気をよくきり、食べやすい大きさに切る。
2. 銀つゆと薄口醬油を混ぜて、1をひたす。
3. 器に盛り、桜えびをちらす。

料理長のひとこと

氷水でもどしたほうが
わかめがシャキッとします。

《 鳴門糸わかめ／井久保商店 》

しっかりとした歯ごたえが特徴の鳴門産のわかめです。

03

なめ茸と大根おろし

なめ茸と大根おろしを混ぜて酒のつまみに。

【材料】4人分

なめ茸（ゆず）…… 100g
（なければなめ茸にゆずの皮をすりおろしたものを加えても）
大根 …… 80g
紅たで …… 適量
薄口醬油 …… 適宜

【作り方】

1. 大根は皮をむいてすりおろし、なめ茸と混ぜ合わせ、好みで薄口醬油を加える。
2. 器に盛り、紅たでをのせる。

料理長のひとこと

ゆでたパスタにのせて、
めんつゆをかけると和風パスタに。

《 吉野屋傳右衛門　なめ茸（ゆず）／伊藤商店 》

国産のゆず皮、果汁を使用し、爽やかな酸味と香り豊かななめ茸に仕上がりました。コクや深みを「たまり」「酒」「みりん」から醸し出し、濃縮エキスでうまみを調え、梅酢で味を引き締めた調和のとれた逸品です。

06

たことみょうがの ごま油あえ

たことみょうがの組み合わせが新鮮です。

【 材料 】4人分

ゆでだこ（刺身用）……120g
（なければ刺身用ほたて貝柱でも）
みょうが …… 2個
おろししょうが …… 適量
芽ねぎ …… 適量
玉絞め一番搾り ごま油
…… 小さじ2（なければ普通のごま油でも）
塩 …… 適量

【 作り方 】

1. ゆでだこは食べやすい大きさに切る。
2. みょうがは縦半分に切り、さらに薄切りにする。
3. ボウルに 1、2 を合わせ、ごま油、おろししょうが、塩を加えてあえる。
4. 器に盛り、芽ねぎをのせる。

料理長のひとこと

しょうがとごま油でちょっと中華風に。

《 玉絞め一番搾り ごま油／油茂製油 》

千葉県香取市にある、創業350年以上の老舗の油屋。浅く煎った白ごまを、数百年間受け継がれた秘伝技法である〈玉絞め〉と呼ばれる方法で搾油したごま油。油の風味が損なわれることなく、香り高く濃厚な味わいです。

07

もずく酢

ポン酢を出汁とめんつゆで薄めて
酸味を抑えた、簡単もずく酢。

【材料】4人分

もずく（味がついていないもの）…… 120g
花穂 …… 適量（なければおろししょうがでも）
老舗の味　つゆ …… 大さじ1
（なければめんつゆでも）
ポン酢 …… 大さじ1
かつお出汁 …… 大さじ1

【作り方】

1. もずくは水洗いし、水気をきる。
2. つゆ、ポン酢、かつお出汁を混ぜ合わせる。
3. 1、2を混ぜ、器に盛り、花穂をのせる。

料理長のひとこと

つゆを入れることによって
味がまろやかに。

《 老舗の味　つゆ／佐々長醸造 》

→70ページ参照

08

きゅうりといか刺めんたい子あえ

定番の「いかめんたい」に、
きゅうりを加えて食感をプラス。

【材料】4人分

いか刺めんたい子（柚子風味）…… 1パック
（なければいかの刺身と辛子明太子でも）
きゅうり …… ½本
いり白ごま …… 適量

【作り方】

1. きゅうりは2〜3cm長さの細切りにする。
2. いか刺めんたい子と1を混ぜ合わせる。
3. 2を器に盛り、いり白ごまをふる。

料理長のひとこと

食感のある野菜を使うのが
ポイント。

《 いか刺めんたい子（柚子風味）／あき津゛ 》

お刺身用のいかをあき津゛の天然出汁めんたい子であえ、
爽やかなゆず風味に仕上がっています。

その四

おもてなし小鉢膳

01 れんこんと豚肉のなめ味噌炒め

レシピは75ページで紹介しています。

02 甘海老しんじょう 銀あんかけ

03 鯛の小松こんぶあえ

04 豆腐のうにのせ

05 万願寺唐辛子のおひたし

レシピは70ページで紹介しています。

06 ほたてと生からすみのごま油あえ

07 かつおの生七味ポン酢

08 牛肉の山椒オイスターソース炒め

ビンから出すだけ!

06

《 ゆずごしょう極上(青)／椨野農園 》

自家農園で収穫された青ゆず皮、地元大分県産の青唐辛子を新鮮なうちに加工し、じっくり塩で熟成。ゆずの香りを損なわないように熱のかからない石臼で仕上げています。

ここでは、生の海鮮に香ばしいごま油とゆずこしょうを加え、ピリッとした中華風に。

ビンから出すだけ!

03

《 小松こんぶ／雲月 》

もともとは懐石料理の「箸休め」として誕生した細切りの汐吹き昆布。お茶うけとしてはもちろん、パスタやサラダなどにも。

ここでは、細切りの小松こんぶと鯛の刺身をあえて簡単昆布締めに。

角盆／川連漆器 01錫槌目小皿／下山普行 02角豆鉢／アリタポーセリンラボ 03酒盃／東洋佐々木ガラス 04三足小鉢／スタジオリライト 05猪口／我戸幹男商店 06ねぶた盃／津軽びいどろ 07淵呉須木甲小付／アリタポーセリンラボ 08ぎやまん陶小皿／カネコ小兵製陶所

04

豆腐のうにのせ

やわらかい絹ごし豆腐に濃厚な生うにと
たれがよく合います。

【材料】4人分

絹ごし豆腐 …… 1丁
生うに …… 40g
ばら海苔 …… 適量
雲丹醤 …… 大さじ1
刺身醤油（甘口） …… 大さじ1

【作り方】

1. 絹ごし豆腐は4等分して器に盛り、生うにをのせる。
2. 雲丹醤と刺身醤油を混ぜ合わせて 1 にかけ、ばら海苔をちらす。

料理長のひとこと

雲丹醤と九州の甘い刺身醤油は
相性抜群です。

《 雲丹醤（うにひしお）／小浜海産物 》

鮮度のよい生で食べられる雲丹のみでつくられた、まさに雲上の味。卵かけごはんやお刺身、サラダのドレッシング、クリームパスタなど、アレンジもいろいろできます。

02

甘海老しんじょう銀あんかけ

出汁をあんにすることで
しんじょうにしっかり味がからみます。

【材料】4人分

甘海老しんじょう …… 3個
（なければはんぺんでも）
芽ねぎ …… 適量
銀つゆ …… 80cc（41ページ参照）
葛粉 …… 小さじ1（なければ片栗粉でも）
水 …… 大さじ1

【作り方】

1. 甘海老しんじょうは3分ほど蒸して温め、食べやすい大きさに切る。
2. 鍋に銀つゆを煮立たせ、分量の水で溶いた葛粉を加えてあんを作る。
3. 1を器に盛り、2をかけ、芽ねぎをのせる。

料理長のひとこと

しんじょうは蒸したほうがおいしいが、
時間がない時は電子レンジで
40秒ほど温めても。

《 甘海老しんじょう／竹徳かまぼこ 》

新潟県で水揚げされた新鮮な南蛮海老（甘海老）をふんだんに使用。ふわふわの食感と濃厚な南蛮海老の風味がお楽しみいただけます。

07

かつおの
生七味ポン酢

辛過ぎず深みのある生七味と、
ポン酢を合わせておいしい薬味だれに。

【材料】4人分

かつお（刺身用）…… 120g
（なければ刺身用ぶりでも）
万能ねぎ …… 適量
生七味 …… 大さじ1
ポン酢 …… 40cc
いり白ごま …… 適量

【作り方】

1. かつおは食べやすい大きさに切る。
2. ポン酢と生七味を混ぜ合わせる。
3. 1を器に盛り、2をかけ、小口切りにした万能ねぎといり白ごまをちらす。

料理長のひとこと

焦がしねぎ油大さじ1を加えると、
さらにおいしくなります。

《 ～鎌倉あきもと謹製～生七味／秋本食品 》

乾燥七味とはひと味違う、生ならではのおいしさがあります。ゆずの風味と山椒の風味が利いた上品な味わいです。料理に添えることで味を引き締め、生七味の香りが食欲をそそります。

08

牛肉の
山椒オイスターソース炒め

上品な和風オイスターソースが
牛肉の味を引き立てます。

【材料】4人分

牛ロース薄切り肉 …… 250g
水煮実山椒 …… 小さじ2（なければ粉山椒でも）
木の芽 …… 適量（なければ大葉でも）
気仙沼完熟牡蠣のオイスターソース……大さじ4
煮切り酒みりん …… 大さじ1（41ページ参照）
サラダ油 …… 大さじ1
片栗粉 …… 適量

【作り方】

1. オイスターソース、煮切り酒みりん、水煮実山椒を混ぜ合わせる。
2. 牛ロース肉は3cm幅に切り、片栗粉をまぶす。
3. フライパンにサラダ油を熱し、2を炒める。
4. 3に1を加え、素早く炒め合わせる。
5. 器に盛り、木の芽をのせる。

料理長のひとこと

オイスターソースに山椒を加えて大人の味に。

《 気仙沼完熟牡蠣のオイスターソース／石渡商店 》

気仙沼の唐桑湾で立派に育った3～5月下旬の産卵を控え栄養をたっぷり蓄えた牡蠣だけを使用。その滋養豊富な牡蠣をそのまま原料とした、風味豊かなオイスターソースです。

まぜごはん、炊き込みごはん

食卓の主役になる華やかなまぜごはんと炊き込みごはんは、おもてなしやお祝いのメニューにぴったり。テーブルの真ん中で土鍋の蓋を開ければ、湯気の向こうにみんなの笑顔が見えるはず。

01

桜えびのまぜごはん

ボリュームいっぱいで彩りもきれいなまぜごはん。

【材料】4人分

米 …… 300g（2合）
桜えび（生もしくは冷凍）…… 200g
せり …… 適量（なければ三つ葉、万能ねぎでも）
割り下（ストレートのもの）…… 80cc（なければかば焼きのたれでも）
サラダ油 …… 大さじ4
薄力粉 …… 適量

【作り方】

1. 米は 24 ～ 27 ページの要領で計量、洗米、浸漬をする（米 300g、米＋水の合計で 660g）。
2. 1 を釜に入れて炊き、蒸らす（白いごはんを炊く）。
3. フライパンにサラダ油を熱し、桜えびに薄力粉をまぶして入れ、焦がさずにカリカリになるまで揚げ焼きにする。
4. 2 に割り下をかけて（ごはんと混ぜ合わせない）、揚げ焼きにした桜えびを全体にのせ、せりをざく切りにしてのせる。
5. 全体を軽く混ぜ合わせ、茶碗に盛る。

料理長のひとこと

サクサクの桜えびの食感と
温かいごはんのバランスが絶妙です。

02

とうもろこしとトマトの炊き込みごはん

とうもろこしの甘みがお子様にも人気の炊き込みごはん。

【材料】4人分

米 …… 300g（2合）
とうもろこし …… 2本
トマト …… ½ 個
野菜出汁バッグ …… 2個

【作り方】

1. 米は洗って1時間浸漬し、ざるで水気をきる。
2. とうもろこしは削いで実と芯に分け、トマトはさいの目に切る。
3. 鍋に水 550cc、野菜出汁バッグ、とうもろこしの芯2本を入れて煮立たせ、弱火にして 20 分ほど煮て出汁をとる。
4. 釜に 1 の米と 3 の出汁 400cc を入れ、2 のとうもろこしの実、トマトをのせて炊く。
5. 炊き上がったら全体を軽く混ぜ合わせ、茶碗に盛る。

料理長のひとこと

トマトの酸味とうまみ、
とうもろこしの甘みのバランスが決め手。
とうもろこしの芯からとった出汁を使うのがポイントです。

03

うにと海苔のまぜごはん

雲丹醤で下味をつけた、うにたっぷりの贅沢まぜごはん。

【材料】4人分

米 …… 300g（2合）
生うに …… 250g
ばら海苔 …… 適量
雲丹醤（58ページ参照）…… 40cc
五本松醤油（47ページ参照）…… 40cc
（なければ甘口の刺身醤油でも）

【作り方】

1. 米は 24 ～ 27 ページの要領で計量、洗米、浸漬をする（米 300g、米＋水の合計で 660g）。
2. 1を釜に入れて炊き、蒸らす（白いごはんを炊く）。
3. 雲丹醤と五本松醤油を混ぜ合わせ、2に回しかける（ごはんと混ぜ合わせない）。
4. 生うにをのせ、まわりにばら海苔をのせる。
5. 全体を軽く混ぜ合わせ、茶碗に盛る。

料理長のひとこと

生うにをたっぷり使った贅沢な一品。
特別なおもてなしに。

04

干しほたての炊き込みごはん

シンプルだけど味わい深く、お酒の後にも食べたい炊き込みごはん。

【材料】4人分

米 …… 300g（2合）
干しほたて貝柱 …… 100g
三つ葉 …… 適量
白出汁 …… 10cc

【作り方】

1. 干しほたて貝柱は水500ccにつけて一晩おき、ほたて貝柱ともどし汁を分ける。
2. 米は洗って1時間浸漬し、ざるで水気をきる。
3. 釜に2の米、1のもどし汁390cc、白出汁を入れ、ほぐした1のほたて貝柱を加えて炊く（もどし汁が足りない場合は水を加える）。
4. 炊き上がったら刻んだ三つ葉を加え、全体を軽く混ぜ合わせ、茶碗に盛る。

料理長のひとこと

干しほたて貝柱のうまみが濃縮された出汁で
炊くごはんは絶品です。

【お弁当のアイディア】

おいしいごはんは、お弁当にしてもおいしい。

おいしく炊けたごはんは冷めてもおいしいから、お弁当にするのもおすすめです。ここでは、いつものランチタイムがワンランク素敵なものになる道具やアイディアをご紹介します。

お弁当その一

《ごはんが主役》弁当

お弁当箱の四角い形を活かして、四角いおかずを中心に整列させることでおさまりよくしました。

《 **竹のお弁当箱／公長齋小菅×AKOMEYA** 》

竹の素材は模様が美しく、中の料理が引き立ちます。持ち運びやすいサイズなのに容量はたっぷり。ウレタン塗装を施しているためお手入れが簡単です。

《 **竹の箸箱／公長齋小菅×AKOMEYA** 》

小ぶりな箸入れは、蓋と本体がマグネットでピタッとくっつく仕様。箸のおさまりがよく携帯しやすいです。

《 **手ぬぐい 米縞／越後亀紺屋** 》

寛延元年創業の老舗染工場の職人により昔と変わらぬ注染という技法を用いてつくられた味わい深い手ぬぐいです。

お弁当その二

《おにぎり》弁当

汁気が少なく、
簡単につまめるおかずを盛り込みました。

《 **竹籠のお弁当箱／公長齋小菅×AKOMEYA** 》

幅の広い竹ひごを使って丁寧に編まれた籠は、丈夫で美しい仕上がりです。白竹の表皮をそのまま活かした籠の表面は、なめらかで手触りもよく、自然素材の温かさが感じられます。

《 **ギンガムチェックキッチンクロス／ R&D.M.Co-** 》

山梨県富士吉田市で製糸から仕立てまでを自分たちで手がけるメイド・イン・ジャパンのプロダクト『R&D.M.Co-』のリネンのキッチンクロスです。昔ながらの織機で丁寧につくり上げられ、使えば使うほど味が出てくる、長く愛せる逸品です。

お弁当その三

《華やか》弁当

メイン食材をごはんとおかずの境目に置いて
左右バランスよくなるようにしました。

《 **白木小判弁当箱／柴田慶信商店** 》

白木の天然秋田杉本来の香りが食欲をそそり、ごはんの水分を程よく吸収し、冷めてもおいしくいただけます。

《 **ストライプキッチンクロス／ R&D.M.Co-** 》

『R&D.M.Co-』のリネンの先染めストライプキッチンクロスです。初めのうちはパリッとしたリネンが、徐々にやわらかな風合いへと変わっていきます。

《 **江戸唐木箸 八角けずり／川上商店** 》

毎日使うお箸だからこそより使いやすいものをと、職人が一膳ずつ、手作りで仕上げています。木本来の温もりを味わえる、手にしっくり馴染む使い心地のよいお箸です。

お弁当その四

《ボリュームたっぷり》弁当

お弁当箱の縁に沿って円を描くように盛り込み、
中心に丸い食材を置いて統一感を出しました。

《 欅丸二段弁当箱／我戸幹男商店×AKOMEYA 》

山中漆器の独特な木取方法「縦木取り」によって可能となる蓋と身の合口「薬籠（やろう）」の密着の精度が高く、シンプルな形状に熟練の木地師の技が光る逸品です。国産の欅材をくりぬいており、身の部分は上下どちらにも重ねられます。

《 ミナペルホネン　リネン刺繡クロス／むす美 》

吸水性が高く、使うたびにやわらかい質感になるリネン素材の風呂敷で、お弁当包みにも使えます。

《 うるし竹箸／公長齋小菅 》

上質な竹でつくられた箸は、先が細く滑りにくく、口当たりがやさしいのが特徴です。

万能調味料＆お供の簡単アレンジレシピ

忙しくて時間がない時に頼りになる、万能な調味料とごはんのお供のレシピをご紹介します。台所に常備しておけば、いざという時にさっと一品作れます。

「梅の実ひじき」をアレンジ

万能調味料＆お供

1

《 **梅の実ひじき／十二堂えとや** 》

福岡県太宰府市にある「十二堂えとや」の梅の実ひじきは、塩分控えめで、ひじき本来のうまみがしっかり感じられます。ひじきのしっとり感とカリカリとした梅の歯ごたえが織りなす食感が人気です。

01

梅の実ひじきと太白おあげの含め煮

カリカリ梅が出汁を含ませた
ふっくらおあげのアクセントになります。

【 材料 】4人分

谷口屋　太白おあげ …… $\frac{2}{3}$ 枚
（なければ栃尾油揚げでも）
梅の実ひじき …… 50g
銀つゆ …… 150cc（41 ページ参照）
薄口醤油 …… 小さじ$1\frac{1}{2}$

【 作り方 】

1. フライパンを熱し、太白おあげを入れて焼き目をつけ、2cm 角に切る。
2. 鍋に銀つゆと薄口醤油を合わせて、1 を加えて火にかける。沸騰したらさらに1分ほど煮て火を止める。
3. 2 を器に盛り、熱いうちに梅の実ひじきをかける。

※こちらの料理は、「和風小鉢膳」（44 ページ）にも登場しています。

料理長のひとこと

梅の実ひじきは余熱で味を馴染ませるため、あつあつのうちにかけるのがポイント。

梅花末広碗／西海陶器

02

大根と 梅の実ひじきあえ

淡白な大根とカリカリ梅のバランスが
よく合う一品です。

【材料】4人分

大根 …… $\frac{1}{3}$ 本
梅の実ひじき …… 60g
塩 …… 15g
水 …… 500cc

【作り方】

1. 大根は皮をむいて分量の半分を薄いいちょう切りにする。もう半分は1cm角のさいの目切りにする。
2. 分量の水と塩で3％の塩水を作り、1を10分つけて水気をきり、さらにキッチンペーパーでよく水気をとってボウルに入れる。
3. 2に梅の実ひじきを加えてよくあえる。

料理長のひとこと

2種類の切り方によって
食感の違いが楽しめます。

白磁百合型向鉢／赤水窯

03

和風あっさり ハンバーグ

鶏むね肉、野菜、海藻の
カロリー控えめハンバーグ。

【材料】4人分

鶏むねひき肉 …… 160g
梅の実ひじき …… 40g
枝豆（ゆでて皮をむいたもの）…… 20g
大葉 …… 4枚
銀つゆ …… 80cc（41ページ参照）
葛粉 …… 小さじ1（なければ片栗粉でも）
水 …… 大さじ1　サラダ油 …… 適量

【作り方】

1. 枝豆は粗く刻む。
2. ボウルに鶏むねひき肉、梅の実ひじき、枝豆を入れてこねる。
3. 2を4等分にして小判形にする。フライパンにサラダ油を熱し、しっかり火が通るまで焼く。
4. 3を焼いている間に、鍋に銀つゆを煮立たせ、分量の水で溶いた葛粉を加えてあんを作る。
5. 器に3を盛り、4をかけ、刻んだ大葉をのせる。

料理長のひとこと

梅の実ひじきがハンバーグの
しっかりとした下味になります。

カレー皿／マルジツ製陶所

「老舗の味　つゆ」をアレンジ

万能調味料＆お供

2

《 老舗の味　つゆ／佐々長醸造 》

たっぷりのかつお節で出汁をとり、長期熟成させた醤油と合わせた４倍濃縮つゆです。ナチュラル・ミネラルウォーターの早池峰霊水（はやちねれいすい）を仕込み水として使用しています。

01

万願寺唐辛子のおひたし

野菜を焼き目がつくまで焼くことで
しっかり味がしみ込みます。

【 材料 】４人分

万願寺唐辛子 …… ４本
（なければしし唐辛子でも）
花かつお …… 適量
青ゆずこしょう …… 適量
老舗の味　つゆ …… 20cc
かつお出汁 …… 150cc
サラダ油 …… 適量

【 作り方 】

1. フライパンにサラダ油を熱し、万願寺唐辛子を焼き目がつくまで焼く。
2. かつお出汁とつゆを混ぜ合わせて、1 を 10 分ほどひたす。
3. 2 を器に盛り、花かつおをのせ、ゆずこしょうを添える。

※こちらの料理は、「おもてなし小鉢膳」（56 ページ）にも登場しています。

料理長のひとこと

つゆをかつお出汁で割ることで
やさしい味になります。

長皿／勝村顕飛

02

豚ばらの しゃぶしゃぶ

温かいつゆでいただくお肉本来の味が
楽しめるしゃぶしゃぶです。

【材料】4人分

豚ばら肉（しゃぶしゃぶ用）…… 300g
レタス …… ¼ 玉
クレソン …… 2束
長ねぎ …… ⅓ 本
老舗の味　つゆ …… 30cc
かつお出汁（つけつゆ用）…… 200cc
かつお出汁（鍋用）…… 500cc
粉山椒 …… 適宜

【作り方】

1. 豚ばら肉は食べやすく切る。
2. 長ねぎは白髪ねぎ（せん切り）にし、レタス、クレソンは食べやすくちぎる。
3. つゆをかつお出汁で割り、つけつゆを作り、器に4等分する。
4. 鍋にかつお出汁を入れ、煮立ったら 1、2 をしゃぶしゃぶにする。
5. 好みで肉、野菜に粉山椒をかける。

料理長のひとこと

レタスはさっと出汁に通す程度で、
食感を楽しんでください。

李朝祭器（肉用）／アリタポーセリンラボ
彩御深井丸平小鉢（とんすい用）／南窯
キャセロール（しゃぶしゃぶ鍋）／長谷製陶

03

ふわとろたまごの あんかけ丼

冷蔵庫にあるものでささっと作れる
簡単どんぶりです。

【材料】4人分

ごはん …… 丼4杯分
溶き卵 …… 8個分
生しいたけ …… 4枚
三つ葉 …… 適量
老舗の味　つゆ ……40cc
かつお出汁 …… 320cc
葛粉 …… 小さじ2（なければ片栗粉でも）
片栗粉 …… 小さじ1
サラダ油 …… 大さじ2

【作り方】

1. 鍋につゆとかつお出汁を入れて火にかけ、煮立ったら薄切りにした生しいたけを入れて火を通す。水大さじ2で溶いた葛粉を加え、あんを作る。
2. 片栗粉を水大さじ1で溶き、溶き卵と混ぜ合わせる。
3. フッ素樹脂加工のフライパンにサラダ油を入れ、卵液の半量を流し入れ、混ぜながら加熱し、半熟状になったら残りの卵液を加え、好みのかたさになるまで火を通す。
4. 丼に盛ったごはんの上に 3 をのせ、1 のあんをかけ、刻んだ三つ葉をのせる。

料理長のひとこと

溶き卵に少量の水溶き片栗粉を入れると
ふんわり仕上がります。

越前塗合鹿椀／漆琳堂

「煎酒」をアレンジ

万能調味料＆お供

3

《 煎酒／銀座 三河屋 》

煎酒（いりざけ）は、日本酒に梅干しと花がつおを入れ ことことと煮詰めた、江戸時代の食卓には欠かせなかった調味料。質のよい紀州南高梅の梅酢を使用しています。塩分は一般的な醤油より少なめでまろやかです。

01

煎酒と太白ごま油の季節野菜マリネ

さらっとしたごま油と煎酒で酸味が抑えられ、野菜本来の味が楽しめます。

【 材料 】4人分

なす …… 1本
かぼちゃ …… ⅛個
れんこん …… 100g
赤パプリカ …… ½個
しめじ …… ½パック
オクラ …… 2本
（野菜ときのこは好みのもので）
煎酒 …… 20cc
太白ごま油 …… 150cc
薄口醤油 …… 大さじ1
ごま油 …… 小さじ2
塩 …… 小さじ1
サラダ油 …… 適量

【 作り方 】

1. フライパンにサラダ油を熱し、好みの大きさに切った野菜としめじを焼き目がつく程度まで炒める。
2. ボウルに煎酒、太白ごま油、薄口醤油、ごま油、塩を入れて混ぜ、マリネ液を作る。
3. バットに 1 を並べて 2 をかけ、1時間以上つけ込む。

料理長のひとこと

野菜を炒めることによってマリネ液がぐっと浸透します。

レクタングル浅型／野田琺瑯

02

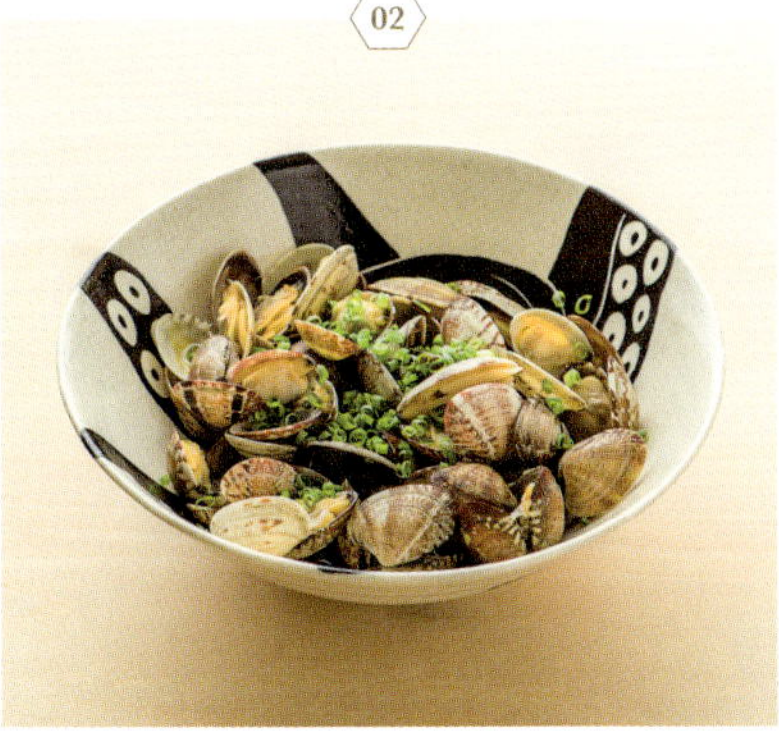

あさりの 煎酒蒸し

あさりのエキスと煎酒で
スープまでおいしくいただける酒蒸しです。

【材料】4人分

あさり（砂抜き済み）…… 400g
あさつき …… 適量
煎酒 …… 50cc
酒 …… 50cc

【作り方】

1. 煎酒と酒を合わせる。
2. フライパンを熱してあさりを入れ、1を加え、蓋をしてあさりの口が開くまで火を通す。
3. 2を器に盛り、あさつきを小口切りにしてちらす。

料理長のひとこと

煎酒を使うことにより、
梅の香りも楽しめます。

蛸図中鉢／川島いずみ

03

鯛の 煎酒ジュレがけ

出汁の味と梅風味を利かせた
和風カルパッチョ。

【材料】4人分

鯛（刺身用）…… 200g
（なければ刺身用ほたて貝柱、湯引きはもでも）
あさつき …… 適量
練り梅 …… 適量
煎酒 …… 30cc
板ゼラチン …… 4g（なければ粉ゼラチンでも）
かつお出汁 …… 150cc
白出汁 …… 適宜

【作り方】

1. 板ゼラチンは氷水に3分つけてふやかし、水気をきる。
2. 鍋に煎酒とかつお出汁を合わせて煮立て（好みで白出汁を入れる）、1を加えて容器に移し替え、冷蔵庫で冷やし固めてジュレを作る。
3. 鯛は好みの大きさに切り、湯引き（熱湯をかける）して器に盛る。
4. 2のジュレを泡立て器で混ぜて小さくくずし、3にかける。あさつきを小口切りにしてちらし、練り梅を添える。

料理長のひとこと

煎酒をジュレ状にして、ちょっとお洒落に。

魚子文皿／中山孝志

「なめ味噌」をアレンジ

万能調味料＆お供

4

《 なめ味噌／ヤマキ醸造 》

金山寺味噌と呼ばれる、甘いおかず味噌。大麦・なす・しょうがなどを贅沢に使用し、化学調味料不使用で豊かな風味です。そのままごはんにのせて食べるのはもちろん、炒め物とも相性がいいのでレシピの幅が広がります。

01

フルーツトマトとサラダなすのなめ味噌あえ

なめ味噌の甘みがトマトの酸味を
まろやかにします。

【 材料 】4人分

フルーツトマト …… 2個
サラダなす …… 2本（なければ水なすでも）
なめ味噌 …… 大さじ3

【 作り方 】

1. フルーツトマトとサラダなすは乱切りにする。
2. 1 をボウルに入れ、なめ味噌を加えてあえる。

※こちらの料理は、「和風小鉢膳」（44 ページ）にも登場しています。

料理長のひとこと

野菜から水分が出るので、味噌は
食べる直前に混ぜ合わせてください。

黄瀬戸花型盛鉢／五春窯

02

れんこんと豚肉の なめ味噌炒め

なめ味噌を使って和風回鍋肉風に。

【 材料 】4人分

れんこん …… 300g
豚ばら薄切り肉 …… 350g
なめ味噌 …… 大さじ6
煮切り酒みりん …… 大さじ2
絹さや …… 適宜

【 作り方 】

1. 豚ばら肉は食べやすい大きさに切り、フライパンを熱して色が変わる程度に炒める。
2. いちょう切りにしたれんこんとなめ味噌を 1 に加え、火が通るまで炒める。
3. 煮切り酒みりんを加え、味を調える。
4. 器に盛る。好みでゆでて細切りにした絹さやをのせる。

※こちらの料理は、「おもてなし小鉢膳」（56ページ）にも登場しています。

料理長のひとこと

れんこんの歯ごたえを
お楽しみください。

織部リム深皿／隆月窯

03

なめ味噌と白味噌の 野菜ディップ

なめ味噌のもろみ感と白味噌の甘みの
相性がいいディップソースです。

【 材料 】4人分

小かぶ …… 1個
エシャロット …… 8本
ラディッシュ …… 4個
アンディーブ …… ¼個
オクラ（ゆでたもの）…… 4本
パプリカ …… ½個
（野菜はお好みで）
なめ味噌 …… 大さじ2
白味噌 …… 大さじ2

【 作り方 】

1. 野菜は好みの大きさ、形に切り、器に盛る。
2. なめ味噌と白味噌を混ぜ合わせてディップソースを作り、器に入れて添える。

料理長のひとこと

冬にはゆでた根菜もおいしいです。

枡5合／ AKOMEYA
杯／東洋佐々木ガラス

01

きのこの
チーズ焼き

塩糀昆布とチーズの塩みで味を調えた
和洋折衷レシピです。

【 材料 】4人分

ブラウンマッシュルーム …… 10個
しいたけ …… 大4枚
エリンギ …… 大1本
（なければ水分が出にくいきのこでも）
塩糀昆布 …… 大さじ1½
溶けるチーズ …… 適量
パルメザンチーズ（粉末）…… 適量
オリーブオイル …… 適量

【 作り方 】

1. きのこは食べやすい大きさに切って、フライパンにオリーブオイルを熱して炒める。
2. 耐熱容器に 1 を入れ、溶けるチーズ、パルメザンチーズ、塩糀昆布を順にのせる。
3. 2 をオーブントースターに入れ、チーズが溶け、軽く焦げ目がつく程度に焼く。

料理長のひとこと

塩糀昆布はチーズによく合います。

クックトップ シチューパンオバール／及源鋳造
雪格子鍋敷／及源鋳造

「塩糀昆布」を
アレンジ

万能調味料＆お供

5

《 塩糀昆布／郷田商店 》

北海道道南産天然真昆布を原料に使った汐吹き昆布を細かく砕き、国産の米と塩のみで作った手作りの塩糀を粉末にしてからめています。ごはんにふりかけたり、サラダやパスタ、野菜炒めなどにも。

02

トマトと山芋の塩糀昆布サラダ

2つの異なる野菜の食感が楽しめる
和風サラダ。

【材料】4人分

フルーツトマト …… 3個
山芋 …… ½本
塩糀昆布 …… 大さじ3
太白ごま油 …… 大さじ1
米酢 …… 小さじ1

【作り方】

1. フルーツトマトと皮をむいた山芋を乱切りにする。
2. ボウルに太白ごま油と米酢を混ぜ合わせて乳化させ、塩糀昆布を加える。
3. 1を2に加え、さっと混ぜる。

料理長のひとこと

ごまを煎らずに絞ったクセのない
太白ごま油と塩糀昆布で
上品なドレッシングに。

すり鉢 ワラ白／山只華陶苑

03

塩糀昆布とレタスのチャーハン

塩糀昆布だけで味付けをしたうまみ成分が
利いたチャーハンです。

【材料】4人分

ごはん …… 丼4杯分
レタス …… ½玉
卵 …… 2個
塩糀昆布 …… 大さじ4
あさつき …… 適量
サラダ油 …… 大さじ2
ごま油 …… 適量
醤油 …… 適宜

【作り方】

1. ボウルに卵をよく溶きほぐし、ごはんを加えて混ぜる。
2. フライパンにサラダ油大さじ1を熱し、ざく切りにしたレタスを入れてさっと炒め、一度取り出す。
3. 同じフライパンに残りのサラダ油と1を入れて手早く炒め、塩糀昆布と鍋肌から香りづけのごま油(好みで醤油も)を加える。
4. 3に2を戻し入れて混ぜ合わせる。器に盛り、小口切りにしたあさつきをちらす。

料理長のひとこと

冷やごはんの場合は電子レンジで
軽く温めたほうが調理しやすいです。

灰釉カレー皿／翠窯

出汁の話

〝うま味〟と〝出汁〟

およそ１００年前に日本人によって発見された〝うま味〟は、近年になってようやく甘味・塩味・苦味・酸味に次ぐ第５の味覚として世界に認識され、国際語〝ＵＭＡＭＩ〟として脚光を浴びるようになってきました。

いろいろな食材に存在し、日本人が昔から当たり前に味わってきた〝うま味〟は和食の根幹を成し、その中心となるものが〝出汁〟です。

おいしい〝出汁〟が利いていると味わい深いだけではなく、塩分量を控えることにもつながり、健康的な食生活を助けてくれます。

とはいえ、本格的に〝出汁〟をとるのはちょっと手間がかかり、意外と面倒なものです。最近人気のこだわり国産素材を使った本格出汁パックを使うと、ほんものの〝うま味〟を手軽に堪能でき、毎日の献立がワンランクアップします。

アコメヤの出汁

ほんもののおいしさが並ぶ食卓から、しあわせは広がります。
そんな豊かな暮らしの土台となることを願って、
料理の基本となる「アコメヤの出汁」が誕生しました。

01　かつお出汁

繰り返しかび付けをした最高級の本枯れ節を使った、清澄な中にも深みのある味わいが和食の基礎をしっかりと支えます。

02　焼きあご出汁

近年大人気で希少性が高いあご（とび魚）を炭火焼きにした香ばしい風味と贅沢なうま味は、料理を格上げする上品な味わいです。

03　野菜出汁

和風をベースに生み出された深みのある味わいは、動物性原料が含まれていないので煮物からスープまで和洋さまざまな料理に重宝します。

04　煮干し出汁

魚のうま味がしっかり味わえる煮干し出汁は、高級料理というよりも家庭料理の土台としてほっと心が和む料理にかかせません。

05　鶏節出汁

鶏のもも、ささ身、がらを蒸し上げてスモークにしてから、かつお節づくりのプロの手により鶏節に。脂っこくなく、純粋な鶏のうま味を封じ込めた上品な鶏の風味が楽しめます。

おすすめの"さ・し・す・せ・そ"

料理を支える基本の調味料"さ・し・す・せ・そ"。使う調味料によって味は大きく変わります。特別な日や日常使いにおすすめしたい逸品を紹介します。

《 塩 》

01 わじまの海塩／美味と健康

暖流と寒流が交わる石川県輪島沖の清浄な海水を100%使用。釜炊きせず、海水の上から熱を当て低温で緩やかに結晶させた塩です。

02 海人の藻塩／蒲刈物産

「藻塩焼き」をヒントにし、天然海水、海藻を原料につくり上げられた、まろやかな塩です。

03 魔法のしお 和／能登製塩

塩分が少なく、出汁が香ばしい塩です。湯を注ぐだけでお吸い物に、また煮物や鍋の出汁にも。

04 魔法のしお 洋／能登製塩

オリーブオイルと混ぜてドレッシングを作ると野菜がおいしくなります。肉や魚の香草焼きにも。

《 砂糖 》

01 特上白／鴻商店

時間と手間をかける三段結晶仕込みで製糖した、パウダー状の最高級上白糖。高純度のため、しつこさのない上品な甘さが特徴で、素材の味を引き立たせ、やさしい洗練された料理に仕上げます。

02 三温糖／北尾商事

日本特有の砂糖で、しっとりとして溶けやすく、甘みが強くコクがあるため、特に煮物や照り焼き、佃煮などの料理に使うと風味豊かに仕上がります。その他、料理全般にお使いいただけます。

03 生砂糖／鴻商店

薩南諸島で収穫されたサトウキビを煮詰め、遠心分離を行った後に残った糖分を取り出した純粋な砂糖。サトウキビのコクとあっさりした甘みが特徴です。

《 味噌 》

01 信州古式仕込み　二年熟成みそ／丸正醸造

長野県産の大豆と米を100％使用。信州古式玉造り製法で仕込み、2年熟成された、香り豊かな味噌。

02 天日塩仕込 特別吟醸白味噌／関東屋商店

天日塩を使って醸造することによって、よりまろやかに熟成。家庭で京の料亭のお雑煮が楽しめます。

03 蔵づくり　長期熟成麦味噌／二反田醤油店

厳選された九州産の麦と大豆で丹念につくられました。素朴さの中に秘められた深く豊かな味わいが特徴です。

04 八丁味噌／まるや八丁味噌

三河産大豆を100％使用し、木桶に仕込み、重石を積み上げ、二夏二冬の歳月をかけた天然醸造味噌。

《 醬油 》

01 丸中醸造醬油／丸中醬油

古式製法という自然の営みに任せた醬油づくりで、温度管理をせず、職人の五感と江戸時代より蔵に棲みつく醸造菌により育まれた、3年熟成を基本とした醬油です。

02 下総醬油／ちば醬油

国産の厳選された丸大豆、小麦、塩だけを使用し、伝統ある木桶でゆっくりと熟成しています。昔ながらの手法で仕込んだ風味豊かなこだわりの逸品です。

03 料亭の粉しょうゆ／下鴨茶寮

料亭の調理人が試作を重ね、絶妙な調和で完成したゆず、一味唐辛子がほのかに香る粉末状の醬油です。天ぷらやお刺身に塩の代わりとして。

《 酢 》

01 富士酢プレミアム／飯尾醸造

飯尾醸造が20年来夢見てきた「大吟醸」のように繊細でうまみがあるお酢。まろやかでやわらかい口当たりが特徴で、火を入れない料理ではふくよかな味わいが楽しめます。

02 千鳥酢／村山造酢

厳選された米を使用したこだわりの米酢です。まろやかな酸味で、お寿司や酢の物、ドレッシングなどいろいろな料理にお使いいただけます。

03 真黒酢／横井醸造

日本で唯一「固体醱酵法」という製法でつくられた黒酢です。多くのアミノ酸や有機酸が含まれ、濃厚で熟成度が高く、栄養成分が豊富。甘みと深いコクが特徴でとてもまろやかな味に仕上がっています。

第三章

AKOMEYA TOKYO

ほんものの道具は使ってみると手放せなくなる

日常を彩る器や、機能に優れた道具は作り手の思いや歴史が込められています。誠実につくられた「もの」の背景を知り、毎日使うことで違いが感じられ、自分にとっての唯一無二の大切な道具になります。

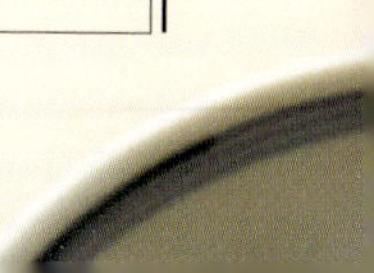

⇐《 **わっぱのおひつ／柴田慶信商店** 》

伝統工芸品でもある大館曲げわっぱのおひつは、天然秋田杉を使い一つ一つ手作業でつくられています。白木の秋田杉本来の吸湿性、芳香、殺菌効果を活かし、炊き立てのごはんを移せば余分な水分をおひつが吸ってくれて、ごはんのおいしさを逃がしません。冷めても適度な水分を残すため乾燥せずおいしさが保たれる、先人の知恵が活かされた道具です。

1

「ほんもの」

《 **KATACHI. グラス／松徳硝子** 》

大正11年創業の松徳硝子。電球用ガラスの生産工場としてスタートしたノウハウをもとに、代々受け継がれてきた技法と磨き上げられた感性を駆使して職人が手仕事で一つずつ吹き上げたグラスです。温かく繊細なフォルムだけでなく、なめらかな口当たりや持ちやすさも兼ね備えています。光が差し込むと、テーブルに美しい模様が映し出されます。

《 **KARMI 茶筒／我戸幹男商店** 》

伝統的な山中漆器の高い技術を活かして木地師が丁寧に挽き上げた、天然素材が生み出す木目が美しい茶筒です。表面に施された筋は石川県山中の職人が、木地の表面に鉋（かんな）を当てて一本一本丁寧にろくろ挽きしたもの。美しいだけでなく、室温や外気の影響を受けにくいという実用性も兼ね備えており、お茶の風味を守ります。

《 **天蓋香炉／鈴木盛久工房** 》

寛永２年創業の南部鉄器の老舗、鈴木盛久工房。代々藩の御用鋳物師として受け継がれた技術で、世界文化遺産にも指定された国宝中尊寺金色堂の天蓋模様を写した香炉です。中尊寺の用命にて制作された逸品。表面をおはぐろで着色することで生まれる味わい深い錆色、他とは違う雰囲気や質感が魅力的です。

作り手と使い手が「ほんもの」でつながる場

「ほんもの」ってなんでしょう。
「ほんもの」とは誠実につくられているものである。
AKOMEYAはそう考えます。

誠実に丁寧につくられた「もの」には、
作り手の思いや歴史がこもっています。
そうした背景を知ることによって、
使い手もまた、「もの」の価値を自覚します。

誠実な作り手は、よりよいものをつくりたい。
そして、それが使われ、認めてもらうことに
喜びを感じます。
前向きな使い手は、よりよいものを使いたい。
だから、いつもよりよいものを探している。

AKOMEYAはそんな作り手と使い手をつなぐ
「目利き」となることを目指しています。
AKOMEYAを通して、作り手と使い手を
つなぐ環ができあがり、作り手の思いが使い手に伝わり、
使い手の感動が作り手に戻る。

AKOMEYAというつなぎ手を介して、
作り手と使い手が一緒に、
新しい「ほんもの」を創り出していければと願います。

自分の生き方を楽しむ

2

「Way of Life」

《 いぶしぎん 燻製鍋／伊賀焼窯元長谷園 》

天保３年創業の伊賀焼の窯元長谷園の燻製土鍋は煙も香りも外に逃がさないので室内で気軽に燻製料理が楽しめます。土鍋本来の遠赤外線効果も働き、短時間で燻製ができあがる優れものです。

《 極 JP フライパン／ RIVER LIGHT 》

フライパン専業メーカーがつくるフライパンは鉄の特性はそのままに、錆びにくく、キズにも強く丈夫なためお手入れが簡単です。使うほどに油が馴染み、使いやすく育っていきます。一度使うと料理の仕上がりが格段に違うことがわかり、手放せなくなる道具です。

「ほんもの」を求めていくと、いつしか、自分にとって
本当に満足できるナンバーワンといえるものに出会えます。

AKOMEYAは、使い手にとって
究極の逸品になる「ファイナルワン」、
日常使いに最高の「ベーシックワン」、
ちょっと個性的だけど、
これもぜひ欲しいと思う「プラスワン」。
そんな3つのナンバーワンを提案していきます。

自分にとってのナンバーワンを見つけると、
生活が前向きになります。
そして、価値観や生き方が今までよりも広がり、
わくわくする楽しさや深い充足感を
日常の中で体験できます。

AKOMEYAは、そんな日常生活の中の「ハレ」を
見つけるお手伝いができればと思っています。

使い手がAKOMEYAを通して作り手とつながり、
より豊かな生き方——Way of Life を探求する。
その過程で、使い手も作り手も
つなぎ手であるAKOMEYAも進化していき、
気づくと新しい価値観や文化が生まれています。

《 15.0% アイスクリームスプーン／タカタレムノス 》

アルミニウムの無垢のスプーンは熱伝導率が高いため、手から体温が伝わり、アイスを溶かしながら食べることができます。

《 Blanc ／高桑金属 》

口当たりがなめらかなカトラリーは、職人の卓越したホーロー加工技術によるものです。

《 純銅銀仕上げカトラリー／工房アイザワ 》

銅に施されたマットな白銀メッキとの組み合わせが美しいカトラリーシリーズ。磨きながら長く使うと味わいが出てきます。

《 胡麻すり鉢／山只華陶苑 》

青土（あおと）という地元岐阜県の鉱山で採れる土を使い、5つの櫛目による「波紋櫛目（はもんくしめ）」のすり鉢は左右どちらの方向にすりこぎ棒を回してもしっかりと櫛目に当たり、摩擦力を逃さずにすることができます。

《 純銅おろし器／新光金属 》

職人が一目ずつ手で打った目立ては、刃が微妙にずれており、切れ味がよく、食材の繊維を壊さずふわふわな食感におろせる純銅のおろし器です。

《 ビアグラス／木村硝子店 》

プロが支持する木村硝子店のグラスは持ちやすく、ビールの泡のクリーミー感や麦の香りが存分に堪能できる機能的なデザインです。

《 ビアマグ いぶし焼〆／伊賀焼窯元長谷園 》

内側に施釉をせず焼き締めることでビールの泡がクリーミーになり、気化熱作用で保冷機能が発揮されます。

《 鎚目タンブラー／新光金属 》

熱伝導率の高い銅の性質を活かしたタンブラー。注いだ時のひんやり感、口に触れた感触が、味を引き立てます。

《 しゅろのたわし、しゅろの小箒／髙田耕造商店 》

和歌山県産の貴重な棕櫚を使い、職人が一つ一つ手作業で仕上げています。棕櫚は日本で古くから人々の生活に寄り添ってきた素材で、一般的に流通しているパームよりやわらかくてコシが強いのが特徴です。しなやかでやわらかくやさしい質感のたわしなのでお掃除にはもちろん、体のマッサージブラシとしても使うことができます。また小さいサイズの箒（ほうき）はテーブルやパソコンの周辺など気がついた時にササッと払うのに便利です。

3

「二項同体」

二項同体の文化

《 グローバル三徳包丁／吉田金属工業 》

燕三条の鍛冶技術を駆使した包丁は刀身からハンドルまでオールステンレスの一体構造で見た目が美しく、継ぎ目に汚れが溜まらず衛生的。さらに錆びにくく、お手入れも楽で世界的に注目されている包丁です。

《 三徳庖丁／庖丁工房タダフサ×AKOMEYA 》

切れ味のよさと研ぎやすさを重視。持ち手には硬くて重さのある木材を使って握りやすく仕上げた、「タダフサ」の老舗の鍛冶技術が活きた包丁です。

「二項同体」は、日本文化の特色を表す言葉だと考えます。
相反する二つのものが対立することなく共存し、
そこから新しい様式が生まれるのが日本の大きな特徴です。

たとえば、「和」と「洋」。
生活の中に「和洋折衷」はたくさん見られます。
「しがらみのない新規のもの」と
「古い伝統につながるもの」の共存も
日本人にとっては当たり前のことです。

ものづくりでも、「手作りの匠の作品」と、
「高度な工業製品」の両方に、
日本人ならではの徹底したこだわりが発揮されています。
どちらも誇れる日本文化です。

よいと思ったものや便利な機能は積極的に取り入れる。
その一方で、昔からのやり方や独自の文化も継承する。
この二つは、日本では対立せず、
日常生活の中にふつうに存在しています。

そして、それはただ異質なものが
共存しているだけではなく、
そこから日本独自のオリジナリティーを持つものに
発展していくのです。
多様なものから新しいものを生み出すアレンジ力、
融合、進化させていくエネルギーが、
日本文化の伝統そのものです。

《 ワンタッチティーポット／KINTO 》

蓋と茶漉しが一体化したポットは使い勝手がよく、お手入れも簡単です。

《 常滑急須ひらまる／梅原廣隆 》

伝統工芸士梅原廣隆氏の急須。陶土の酸化鉄とお茶のタンニンが反応し、苦みや渋みが取れてまろやかになります。使い込むほどにお茶の味わいもよくなり、光沢が増していきます。

《 ハイメ・アジョン醤油さし、湯呑笛吹、把手付徳利、把手付盃／上出長右衛門窯 》

石川県の伝統工芸である九谷焼を継承しながらも新しい可能性も追求している窯元。スペイン人デザイナー、ハイメ・アジョンと組んで発表したシリーズや長右衛門窯が60年描き続けているモチーフの「笛吹」にギターを弾かせるなど、新しい作風を生み出しています。古典の瓢箪形徳利や盃に把手を付けるなど、発想力・デザイン力が豊かです。

《 ヒッコリーストライプ フルエプロン、ギャルソンエプロン／AKOMEYA 》

デニムの産地で有名な岡山県児島地区で織られた厚織りのヒッコリー生地。その生地を使ってつくられたエプロンは丈夫で使うほどに風合いが出て、体に馴染んできます。使い勝手にも優れた飽きのこないデザインで、男女問わず着られます。ワークエプロンとして動きやすくポケットも大きくなっていてとても機能的です。

4

「お福分け」

《 謹製桐箱入り２合パック×６種セット／ AKOMEYA 》

お中元やお歳暮などの少しあらたまった贈り物として選ばれている桐箱入りのお米セットです。

《 お米３合パック／ AKOMEYA 》

少量パックになっていて、自分の好みのお米を探すのにぴったりです。精米後すぐに真空パックにしているので鮮度も保たれています。

《 まめぐいギフト（２合パック）／ AKOMEYA 》

カラフルでいろいろな柄の小さなてぬぐいに２合のお米が包まれています。かわいい見た目で女性に人気です。

お福分けのこころ

思いや歴史により研ぎ澄まされた、職人の技。
妥協を許さず、ほんものを追求してつくり出す姿勢。
そうして生まれる逸品を通して、
人に喜んでいただきたいと願う気持ち。

そのようなこだわりからつくられるものには、
人をしあわせにする力が宿ります。
小さなしあわせだとしても、
大切なあの人にもこの喜びを味わってほしい。

「しあわせ」という名の福を分かち合う。
それが、AKOMEYAの「お福分けのこころ」です。

AKOMEYA TOKYOは「お福分けのこころ」を通して、
小さなしあわせをたくさんの人々と
分かち合えたらと願っています。

《 AKOMEYAで人気のごはんのお供（紀州梅昆布茶／JA 紀南、スタミナご飯だれ／どりぃむわぁくす、あけがらし／山一醤油、櫻じゃこ／京のうまいもの屋櫻、たらの子／金沢ふくら屋）》

日本各地より集められたお供。あつあつのごはんにのせるだけで箸がとまらなくなります。お供としてだけではなく調味料やトッピングとしてアレンジレシピにも使えます。

《 手土産いろいろ（おこめケット、榮太樓缶入飴、アコメヤの焼菓子、松崎煎餅 三味胴／AKOMEYA）》

ちょっとした手土産だからこそ粋なものを。おすすめのお菓子はどれも選りすぐりの原料を使い、食べてもらう人のしあわせを思いながら丁寧につくられたものです。

《 かや生地ふきん／AKOMEYA 》

奈良県で織られた蚊帳生地を、和歌山県で一枚ずつ丁寧に捺染・乾燥・検品・包装と、工程ごとの職人の手に渡りつくられたふきん。一度で水分を拭き取る力、油汚れを絡め取る力、絞りやすさ、乾きやすさ、毛羽立ちにくさ……。毎日使う道具だからこそいかによいものにするかこだわりました。

《 毎日使ってもへたらないタオル／AKOMEYA 》

タオルの名産地、今治で丁寧につくられているタオルです。パイルに太く強く撚り合わせた上質なコットンを使用。地糸も太い糸でしっかり織り込まれています。糸が太く撚りが強いので、糸自体の耐久性があります。全体的にがっしりしているので、日常使いにぴったりです。

5

「不易流行」

不易流行の志を大切に

《 米櫃 5kg ／ AKOMEYA 》(右奥)

日光の天然檜を使用した米櫃です。檜の持つ調湿効果で衛生的にお米を保管できます。

《 米櫃3kg・1kg ／増田桐箱店 》

骨董品や美術品などの保存箱も手がけている増田桐箱店。その老舗の桐箱店が手がける米櫃は気密性が高く、シンプルでありながら機能的なデザインです。内容物が確認しやすく、スタッキングができ、付属の1合枡は米に埋もれないよう、蓋の裏にセットできるようになっているなど、使いやすい工夫がされています。

松尾芭蕉は、俳句の本質を「不易流行」という言葉で表しました。
「不易」とは、普遍的で変わることのない価値です。
「流行」とは、その時々に応じて変化していくものです。

「不易」のみに安住すれば、いつか時代にそぐわない退屈で古臭いものになっていきます。
一方、「流行」だけを追っていては、その瞬間はよくても、長く継承される価値にまでは高められません。

「不易流行」という言葉は、変わらないものと、変わり続けるものが、実は一つのものだ、という教えです。
言葉を換えれば、「不易」とは、物事の本質で、「流行」とは、本質の具体的な表現のされ方といえます。

「不易流行」のスピリットを持てば、歴史や伝統の中にある素晴らしい価値を大切にしつつ、その時代を新鮮に表現し、進化し続けていけます。

一杯の炊き立ての白いごはんから広がる食卓のつながりを大切にし、作り手と使い手が一緒に新しい「ほんもの」を創り出し、いつしかそれが、たくさんの人に受け入れられる新しい文化として定着していく。

AKOMEYA TOKYOは、そんな「不易流行」をふつうの人々がふつうの生活で体験し、楽しむ生き方――Way of Lifeを提案し続けていきたいと考えています。

《 合鹿椀／漆琳堂 》

福井県河和田地区で220年以上にわたり、越前漆器を継承している漆琳堂の伝統工芸士が漆を塗った大きめのお椀です。

《 めいぼく椀 栗／薗部産業 》

木そのものの素材感を活かし、使いやすく洗いやすいころんとした形は和洋問わず幅広く使えるお椀です。

《 TSUMUGI 毬型・駒型汁椀／我戸幹男商店 》

木の特性を活かしたデザインと精度の高いろくろ技術とのコラボレーションで、実用性と芸術性を併せ持つ漆器のお椀です。

《 割烹着／minä perhonen × AKOMEYA 》

minä perhonenとのコラボレーションで誕生した、皆川明さんデザインのAKOMEYAの割烹着です。リネン生地全体に蝶々の刺繡が施されたテキスタイルデザインで前後逆にすればコート風の着こなしも楽しめるシルエットになっています。割烹着本来の動きやすさ、ウエスト位置に付いているベルトはキッチンクロスが掛けられるなど機能性とデザイン性を兼ね備えています。

《 常滑 山源カメ／山源陶苑 》

陶器は厚みがあり、温まりにくく冷めにくいため温度を一定に保ちやすいです。また釉薬を塗ってあるため酸や塩分に強く、味噌、梅干し、糠漬けなどをつくるのに適した素材です。小さいサイズは卓上用としても便利。

AKOMEYA TOKYO

〝一杯の炊き立てのごはんから、つながり広がるしあわせ〟をテーマに
〝食卓を豊かにする〟お米や調味料などの食料品、
〝上質な佇まいを感じる暮らし〟を提案する雑貨、そして
〝おいしさで満たされる至福のとき〟を提供するAKOMEYA厨房を展開する
AKOMEYA TOKYOは、食品・雑貨・厨房から「お福分けのこころ」を通して、
小さなしあわせを、たくさんの人々と分かち合えたらと願っています。

銀座本店

住所：〒104-0061 東京都中央区銀座 2-2-6
電話番号：お買いもの／03-6758-0270　AKOMEYA厨房／050-3134-5256（直通）

NEWoMan新宿

住所：
〒160-0022
東京都新宿区新宿 4-1-6
NEWoMan新宿 1F
電話番号：03-5341-4608

ルミネ大宮

住所：
〒330-0853
埼玉県さいたま市大宮区錦町630
ルミネ2 2F
電話番号：048-729-7108

ペリエ千葉

住所：
〒260-0031
千葉県千葉市中央区新千葉 1-1-1
ペリエ千葉本館1F
電話番号：043-445-7890

京都BAL

住所：
〒604-8032
京都府京都市中京区河原町通
三条下ル 山崎町 251
京都BAL1F
電話番号：075-606-5444

日本橋髙島屋S.C.

住所：
〒103-6199
東京都中央区日本橋 2-5-1
日本橋髙島屋S.C. 新館 B１階
電話番号：03-6262-3227

＊2018年9月現在

AKOMEYA TOKYOに関してのお問い合わせはこちらから
公式HP：www.akomeya.jp
@akomeya_tokyo　LINE@ @akomeya-tokyo

アートディレクション　加藤京子（Sidekick）

デザイン　我妻美幸（Sidekick）

撮影　結城剛太
米沢 耕（本社写真部）

料理作成
取材協力　株式会社サザビーリーグ　AKOMEYA厨房スタッフ
AKOMEYA事業部スタッフ

構成協力　榎本明日香

講談社の実用BOOK

AKOMEYAの
毎日《まいにち》が楽《たの》しくなるお米《こめ》とごはんのこと。
米屋が伝えたいお米選びからレシピ・道具まで

2018年10月18日　第1刷発行

著者　AKOMEYA TOKYO

発行者　渡瀬昌彦

発行所　株式会社 講談社
〒112-8001 東京都文京区音羽 2-12-21
電話　編集 03-5395-3522
販売 03-5395-4415
業務 03-5395-3615

印刷所　慶昌堂印刷株式会社

製本所　株式会社国宝社

ISBN978-4-06-513742-0